INTERFERENCIA SECRETA

PATRICIA VERDUGO

INTERFERENCIA SECRETA

EDITORIAL SUDAMERICANA

Diseño de portada: Patricio Andrade
Diseño interiores e impresión: Andros Ltda.

1ª edición: agosto 1998
2ª edición: septiembre 1998
3ª edición: septiembre 1998
4ª edición: septiembre 1998

© 1998 Editorial Sudamericana Chilena
Santa Isabel 1235 - Providencia
Fono: 274-6089
Santiago de Chile

ISBN N° 956-262-066-2

Índice

Índice

Presentación

LA GRABACIÓN que hoy tiene en sus manos es un documento histórico de gran importancia y, por lo mismo, debe ser conocido por todo ciudadano interesado en el acontecer de su patria.

La historia oficial se construye sobre la base de la versión que los vencedores desean legar a la posteridad. Pero ese propósito se ve relativizado por los esfuerzos de otros que relatan la historia de las víctimas y los episodios que los victimarios quieren ocultar. En ese esfuerzo participan historiadores, periodistas, artistas, editores y muchas otras personas sensibilizadas por algún momento histórico clave.

En este caso, un ciudadano pudo interferir y grabar, al darse cuenta de la importancia de dicha interferencia, la comunicación entre los altos jefes de las Fuerzas Armadas el martes 11 de septiembre de 1973, día del golpe militar que puso fin al gobierno del Presidente Salvador Allende.

Ahora tiene usted esta grabación en sus manos. Escucharla le permitirá sacar sus propias conclusiones. El contenido de las frases, el tono de las voces, el lenguaje que unos y otros utilizan develan sus personalidades, revelan sus temores y sus iras, sus estados de ánimo.

La grabación transcrita podrá encontrarla a partir del capítulo cuarto, para que pueda seguirla palabra por palabra. Previo a la transcripción, en los tres primeros capítulos incorporé un relato de la gestación del golpe militar y de lo ocurrido en los escenarios donde se movía el Presidente Salvador Allende en sus últimas horas de vida.

Al cumplirse un cuarto de siglo de estos acontecimientos que dieron un violento vuelco al acontecer histórico de Chile, tratar de reflexionar en torno a lo sucedido es un deber ciudadano. Se hace necesario hablarlo con los hijos y con los nietos. Abrir la mente y el corazón para llegar al fondo de los hechos, reconociendo los sentimientos propios y tratando de comprender lo que sentían los otros. Así podremos, como pueblo, reconocer las odiosidades que permanecen emboscadas e intentar un honesto recorrido por el camino del perdón, con el compromiso de no repetir una tragedia que costó tantas vidas y dolores.

Patricia Verdugo

Santiago de Chile, 1998

10

Capítulo uno
En el comienzo, una mentira

EN LA ESCUELA MILITAR, el Puesto Tres fue el encargado de conectar a los otros puntos de la red de comunicación montada para el día clave del golpe de Estado. Un error de diseño complicó el sistema y obligó, a última hora, a utilizar ese Puesto Tres como conexión indirecta entre los altos oficiales golpistas. Fue el puesto de enlace.

Está por verse si el error de diseño fue tal o si fue el resultado de un boicot. Tal posibilidad se abre a partir del hecho cierto de que el general Augusto Pinochet, comandante en jefe del Ejército, supo del golpe en marcha sólo pocas horas antes. No estuvo en el origen del complot. Los golpistas desconfiaban de él, ya que había sido nombrado por el Presidente Salvador Allende, a fines de agosto de ese año, Comandante en Jefe de la principal fuerza armada de Chile. Llevaba muy pocos días en el cargo y su designación sólo pudo llevarse a cabo —en un momento de máxima tensión— porque la información de Inteligencia Gubernamental le dio el visto bueno: era un general de "confianza" para la izquierdista Unidad Popular, la coalición de socialistas, comunistas y otras fuerzas laicas y cristianas que llevó a la presidencia al doctor Allende en 1970.

—Todos creíamos que Pinochet se oponía al golpe —afirma el general de la Fuerza Áerea (Fach) Nicanor Díaz Estrada, uno de los altos oficiales conjurados.

Los golpistas, encabezados en el Ejército por el general Sergio Arellano Stark, estaban realmente complicados con Pinochet. A pesar de los recelos, decidieron —a última hora— correr el riesgo de contar con el Comandante en Jefe del Ejército, de modo de evitar la división entre las fuerzas armadas y el consiguiente combate que iba a costar muchas vidas y podría hacer abortar el golpe.

La situación en el Ejército era, objetivamente, de máxima tensión en esos días. El 21 de agosto, cerca de trescientas esposas de oficiales se habían apostado frente a la casa del entonces comandante en jefe, general Carlos Prats. Excusa oficial: entregar una carta a su mujer donde se le rogaba interceder para que el gobierno no continuara "utilizando" a sus maridos en tareas gubernamentales. Lectura política: las esposas de seis generales y de muchos altos oficiales obedecían instrucciones de sus maridos, en una primera señal de sublevación. Resultado: el alto mando se fracturó de hecho, el comandante en jefe se quebró emocionalmente y no fue capaz de ordenar el retiro de los generales sublevados.

Así, el Presidente le aceptó la renuncia a Prats el 23 de agosto."Un general que llora no está capacitado para mandar", explicó Allende a sus asesores. Y renunciaron paralelamente tres generales de probada vocación democrática: Guillermo Pickering, director de Institutos Militares; Mario Sepúlveda, comandante en jefe de la Segunda División; y Ervaldo Rodríguez, jefe de la misión militar en Washington.

Así es como llegó el general Pinochet a la cabeza del Ejército, con el compromiso de "sofocar" esa sublevación en ciernes, lo que pasaba por sacar de las filas a los generales que hicieron actuar a sus esposas.

Pero el lunes 27 de agosto de 1973, un sorpresivo giro en el discurso de Pinochet ante el alto mando militar abrió la posibilidad de que se sumara al golpe. Ese día, a puertas cerradas, habló de estrechar filas tanto dentro del Ejército como con las otras ramas de las Fuerzas Armadas. Y mencionó la posibilidad de una "intervención militar" si las circunstancias lo hacían necesario. Nada de esto trascendió públicamente ni fue del conocimiento del gobierno.

Pero habría sido recién el sábado 8 de septiembre cuando el general Pinochet se enteró del golpe en marcha para el martes siguiente.El general Arellano Stark ha dicho que llegó a la casa del general Pinochet alrededor de las 20.30 horas de ese sábado 8 de septiembre, y que al decírselo "su reacción fue una mezcla de sorpresa y molestia. Al tomar conciencia de que sólo se requería

su adhesión a una decisión ya tomada, pareció abruma-
do".[1]

Más aún, cuando le dijo que el general Gustavo
Leigh, comandante en jefe de la Fuerza Aérea, estaba
esperando su llamado telefónico, Pinochet "pidió unos
minutos, asegurando que luego lo haría. Por ahora necesitaba reflexionar".

Esa es la versión del general Arellano. El general
Nicanor Díaz Estrada, complotador por la Fuerza Aérea, dice que —esa misma noche del sábado 8 de septiembre— el general Arellano le negó haber hablado con
Pinochet, argumentando un "no me atreví". Por su parte, el mismo general Pinochet no menciona en sus me-
morias haber hablado con Arellano ese día.

¿Qué sucedió realmente? Las fuentes son poco fia-
bles y los "recuerdos" se han acomodado, en los años
siguientes, a la necesidad de perfilarse como "héroes"
de esta historia.

Lo que sí fue cierto es que, ese mismo sábado 8, el
presidente Allende llegó a almorzar a la casa de Miria
Contreras, a quien todos llamaban "la Payita", y se encontró con una sorpresa: lo esperaba el general Carlos
Prats, ya despojado de su uniforme. De la privada conversación, Allende salió con rostro preocupado y pidió
que se citara de urgencia a los generales Augusto
Pinochet y Orlando Urbina a la casa presidencial al día
siguiente, domingo 9.

El hecho es que el general Pinochet no se comunicó
con el general Leigh en las siguientes horas del sábado 8

y que tenía por delante esa reunión de emergencia con el Presidente Allende el domingo 9. Entretanto, en Valparaíso, los golpistas de la Armada −encabezados por el almirante José Toribio Merino− se reunían el mismo sábado 8 en la Academia de Guerra. El almirante Carvajal les confirmó que en la Fuerza Aérea estaba todo dispuesto, pero que el Ejército aún no confirmaba su adhesión. La discusión se centró en el peligro de una guerra civil prolongada y cruenta si el Ejército no se plegaba como un todo. La reunión se suspendió, al atardecer, sin ponerle día ni hora al golpe. Pactaron juntarse al día siguiente, domingo 9, simulando una reunión social, en casa del almirante Weber después de la misa en la capilla naval.

El almirante Carvajal tuvo que retirarse antes, ya que debía reunirse con los otros conspiradores en Santiago. Al salir, instruyó al almirante Huidobro: el día y la hora tenían que fijarse esa noche.

Pero Huidobro, jefe de la Infantería de Marina, llegó a su casa sin tener día ni hora en la mano. Y fue esa noche del sábado 8 cuando ocurrió un episodio clave, de aquellos que marcan el curso de la historia a partir de dos seres humanos que pactan decir una mentira.[2] Huidobro decidió, entonces, un movimiento audaz en el tablero. Un movimiento que desentrampara esta situación de máximo peligro. Porque cada hora que pasaba ponía en mayor riesgo a los complotadores: estaban cometiendo un delito que podía costarles muchos años de cárcel. Pero no se lograba el "vamos" final, cada parte quería estar segura de que las otras estaban ya decididas.

Huidobro hizo venir desde la capital, con carácter urgente, al capitán de navío Ariel González, jefe de Inteligencia del Estado Mayor de la Defensa. Ya muy tarde en la noche, urdieron la mentira para la reunión dominical con los almirantes. Sí, les dirían que ambos habían ido esa noche a una reunión en Santiago, en la cual el Ejército y la Fuerza Aérea habían acordado que el golpe sería el martes 11 a las seis de la mañana. Así de simple. Como dos niños que inventan una historia para conseguir algo de sus padres. Sólo que en este caso no había puerilidad. Eran dos adultos que mentían para gatillar una acción armada de graves consecuencias.

Y llegó la reunión tras la misa. Los almirantes escucharon el informe de Huidobro. Uno de ellos preguntó a Merino si había participado de las conversaciones. Merino miró a Huidobro y éste, sin siquiera ruborizarse, pidió autorización para hacer ingresar a la sala al capitán de navío Ariel González. Nadie osó dudar de la palabra del jefe de Inteligencia. Vino entonces la pregunta: ¿quién iría a Santiago a ultimar el acuerdo por parte de la Armada? Se le dieron plenos poderes al almirante Huidobro.

Así fue como Huidobro y González iniciaron su corto viaje a la capital, un viaje cuyos detalles hablan del nerviosismo de sus protagonistas. Ya tenían temor de ser detenidos, por lo que planearon decir que iban a una excursión de pesca. A poco andar, se dieron cuenta de que no llevaban dinero ni para pagar el peaje, así como el almirante Huidobro había olvidado sus documentos de identificación. Y cuando volvieron a la costa, agregaron otro punto al ítem de olvidos: no llevaban ni un solo documento que acreditara su misión. Y tuvieron que ir a casa del almirante Merino, de donde salieron con un mensaje manuscrito.

A esa misma hora, en la capital, en la casa presidencial de calle Tomás Moro, se presentaban los generales Augusto Pinochet y Orlando Urbina. El primero, Comandante en Jefe del Ejército. El segundo, Inspector General del Ejército. Ya era pasado el mediodía del domingo 9 de septiembre de 1973. Esperaron unos minutos, ya que el Presidente estaba reunido con Luis Corvalán, secretario general del Partido Comunista.

El Jefe de Estado, luego, los recibió a solas. Los datos que le había proporcionado el general Prats, en la víspera, justificaban esta reunión de emergencia. Había una sublevación en marcha. Era inminente. Casi una hora después, tras despedir a los generales, el Presidente comentó brevemente lo acordado con su amigo y asesor personal Víctor Pey, un ingeniero catalán que llegó a Chile a bordo del *Winnipeg*, tras la guerra civil española.

¿Qué sucedió en esa reunión? El Presidente pidió al Comandante en Jefe del Ejército un plan de emergencia para coordinar la acción de las tropas con la de los trabajadores organizados en los cordones industriales. Estaba el antecedente del "tanquetazo" del 29 de junio, esa abortada sublevación del Regimiento Blindado N° 2 en connivencia con el ultraderechista movimiento Patria y Libertad. Esa vez, entre la acción del Ejército y el rápido movimiento de los trabajadores organizados, el complot abortó en pocas horas.

El hecho es que el general Pinochet se retiró tras darle al presidente Allende la seguridad de que, al día siguiente, daría las órdenes para que esa coordinación operase de inmediato.

Sus colaboradores coinciden en asegurar que el presidente Allende confiaba en el profesionalismo de las Fuerzas Armadas, en su respeto a la Constitución, a lo que se denominaba la "doctrina Schneider". Él repetía siempre que había respetado a las Fuerzas Armadas, que se había ceñido estrictamente a los escalafones al momento de designar altos mandos e incluso, en situación de peligro de la seguridad interior del país, los había puesto en cargos ministeriales. Creía en la colaboración cívico-militar.

Por otra parte, el conflicto político con la oposición estaba —a su juicio— en la mesa de una negociación posible. Justamente la semana anterior había tenido una secreta reunión con el presidente del Partido Demócrata Cristiano, senador Patricio Aylwin, en la casa del cardenal Raúl Silva Henríquez. Allí habían pactado un principio de acuerdo y habían nombrado a sendos "padrinos" para dirimir el conflicto. El ex ministro Sergio Molina por el PDC y, por la Presidencia, dos representantes: el ministro del interior, Carlos Briones, para delimitar las áreas privada y estatal de la economía; y el asesor Víctor Pey para acordar un mejor precio a los productos de la Compañía Manufacturera de Papeles y

Cartones, la gran empresa de la que dependía el papel periódico de la prensa nacional y que había pasado a ser un emblema en la lucha política de la propiedad privada *versus* la propiedad estatal.

Así, todo indica que —esa tarde del domingo 9— el presidente Allende tuvo un momento de alivio. Almorzó con su querida hermana Laura y luego fue al aeropuerto a buscar a su esposa y a su hija Isabel que volvían de México. En el trayecto de regreso, le pidió al edecán aéreo —quien también regresaba del viaje— que lo acompañara en el automóvil presidencial.

—Me comentó que la situación era preocupante, pero que ya había varias acciones en curso para descomprimir el panorama. Y me habló del martes siguiente, el martes 11, como un día clave porque haría su propuesta para convocar a un plebiscito. Se veía más tranquilo —recordó el comandante Sánchez.

Ya en la casa de avenida Tomás Moro, comenzó a bosquejar el discurso. Sus asesores habían concordado en que la mejor ocasión se daba el martes 11, en la mañana, durante el discurso que debía pronunciar en la Universidad Técnica del Estado.

Entre el acuerdo con el senador Aylwin, lo convenido con el general Pinochet y el poner por escrito su convocatoria a plebiscito, el Presidente debió sentir alivio profundo esa tarde dominical de fines de invierno.

Pero mientras el presidente Allende daba pasos creyendo que recorría un camino para resolver la crisis, el general Gustavo Leigh usó el domingo para completar el *puzzle* del complot. El general Díaz Estrada llegó a la casa de su Comandante en Jefe, llevando un recado del almirante Carvajal, y lo encontró en mangas de camisa dictando el texto de la proclama de la "Junta Militar". La escribía, adaptando el lenguaje a la jerga legal, el auditor Julio Tapia Falk. Leigh telefoneó a Carvajal y de la conversación salió su próximo paso: ir de inmediato a hablar con Pinochet.

Por su parte, el general Pinochet debió tener una tarde dominical cruzada por la angustiosa incertidumbre. Todo indica que observó los preparativos para el cumpleaños de su pequeña hija Jacqueline con aire ausente. Acababa de llegar al pináculo de su carrera, el Presidente de la República confiaba en él y, por otra parte, tenía un alto mando en crisis y un grupo de generales golpistas que apostaba al triunfo, ya en connivencia con las otras ramas de las Fuerzas Armadas.

De repente sonó el timbre. Eran casi las cinco de la tarde. Y ahí estaba, frente a él, el comandante en jefe de la Fuerza Aérea, general Gustavo Leigh, sentado en el saloncito mientras afuera se escuchaba el festejo infantil.

Frente a frente, dos hombres en ropas deportivas que —sumados— tenían la mayor parte del poderío bélico de Chile. Leigh le comentó del discurso del senador Carlos Altamirano esa mañana, en el Teatro Caupolicán, y de cómo habían llegado hasta su casa algunos indignados generales de la Fach. Él los había calmado —aseguraba— diciendo "ya voy a hablar hoy mismo con Pinochet, porque esto no da para más". Así, le habló del golpe como un hecho inevitable, con un tono de certeza que sólo abría dos caminos: o te sumas o te apartas. Tú sabrás: pasado mañana es el día clave.

—Estaba en una posición muy tranquila, me escuchó el planteamiento en el sentido de que no le veíamos vuelta al asunto. "¿Qué piensas hacer tú? Porque lo que es nosotros, no damos más. Creo que estamos en un punto en que, si no actuamos, el país va al caos", le dije —recordó más tarde el general Leigh.

Pinochet, mirando a Leigh fijamente, vacilaba.

—¿Tú has pensado en que esto nos puede costar la vida a nosotros y a muchos más? —dijo Pinochet sondeando a Leigh.[3]

Sí, el Jefe de la Fach lo había pensado y lo había asumido como costo posible. Sonó nuevamente el timbre. Leigh miró su reloj y supo quiénes eran los visitantes. Estaba previsto que él llegaría primero y, momentos después, lo harían los almirantes Carvajal y Huidobro, secundados por el capitán de navío Ariel González. Los "enviados" de la Armada. Traían el breve texto manuscrito que sellaba el complot para el martes 11, estableciendo la hora. El almirante José Toribio Merino, jefe de la Primera Zona Naval, lo había escrito a partir del informe dado por Inteligencia de la Armada: el Ejército y la Fuerza Aérea estaban listos para entrar en acción con sus Comandantes en Jefe a la cabeza. Decía lo siguiente:

"9 de septiembre de 1973

Gustavo y Augusto:

Bajo mi palabra de honor, el día H será el 11 y la hora H 06.00. Si ustedes no pueden cumplir esta fase con el total de las fuerzas que mandan en Santiago, explíquenlo al reverso. El almirante Huidobro está autorizado para tratar y discutir cualquier tema con ustedes. Les saluda con esperanza y comprensión, Merino".

Al reverso de la hoja, se agregaba: "Gustavo: es la última oportunidad. J.T.". Y más abajo: "Augusto: si no pones toda la fuerza de Santiago desde el primer momento, no viviremos para el futuro. Pepe". Y más abajo aún, para que no hubiera dudas respecto a qué hacer, el almirante José Toribio Merino escribió la palabra "conforme" y los nombres "Gustavo Leigh" y "A.Pinochet" que esperaban las firmas para cerrar el círculo del pacto golpista.

El Comandante en Jefe de la Fuerza Aérea firmó de inmediato. Pinochet vaciló.

—Si esto se filtra, puede sernos de graves consecuencias —dijo remarcando sus dudas.[4]

El general Leigh lo empujó:

—¡Decídase, mi General, firme!

Y Pinochet, finalmente, firmó y estampó, además, el timbre de la Comandancia en Jefe.

Faltaban sólo treinta y seis horas para el golpe de Estado. De ahí en adelante, cada hora fue de máxima tensión para emitir órdenes y precisar detalles, sin alertar al gobierno. El lunes 10, mientras el presidente Allende afinaba en La Moneda el texto del discurso para convocar a plebiscito, el general Pinochet buscó asegurar el timón del golpe. Hizo jurar a los generales Brady, Benavides, Arellano y Palacios, y al coronel Polloni, ante la espada de O'Higgins, el "padre de la patria" cuyo nombre lleva la Escuela Militar. Y en su breve arenga, remarcó la posibilidad de morir en el combate. Si moría o si no llegaba a su puesto de mando a la hora convenida, el general Oscar Bonilla debía hacerse cargo del Ejército.

Bonilla estaba entre los conjurados originales, cuya voz cantante llevaba Arellano. Y en ese contexto, la lógica indica que el propio general Pinochet debió enfrentar varios fantasmas aparte del de su propia muerte. ¿Qué hacer si el golpe fallaba? ¿Qué hacer si el golpe tenía éxito y luego lo sacaban a él del escenario, ya que no pertenecía al grupo original de conjurados? En tal caso, la falla de "diseño" en el sistema de comunicaciones pudo ser provocada, de modo que un puesto de su confianza, el Puesto Tres, ubicado en la Escuela Militar, fuera el obligado enlace de todos las demás "cabezas" del golpe, ese martes 11 de septiembre.

El hecho es que el lunes 10 de septiembre fue de afanes castrenses. Pinochet dispuso en la mañana, tras tomar juramento a los generales, que tropas de Los Andes y San Felipe —al norte de la capital— se movilizaran hacia Santiago al anochecer. Y almorzó con el Comandante en Jefe de la Fuerza Aérea en el quinto piso del Ministerio de Defensa, en el pequeño comedor anexo a su oficina. Junto a él estaban los generales Arellano, Brady y Benavides.

Fue entonces cuando el general Leigh le mostró la proclama que tenía preparada. Ya la sorda pugna por el poder comenzaba a colarse entre ellos, lo que se denota en las comunicaciones radiales del día siguiente. Una larga pugna que terminaría zanjándose en favor del más fuerte, Pinochet y el Ejército, en julio de 1978.

Mientras Pinochet leía el texto de la proclama, Leigh le relataba que el general César Mendoza —el conspirador con más rango por parte de Carabineros, tercera antigüedad— no había firmado esa mañana, esperando que el documento tuviera la firma del Comandante en Jefe del Ejército.

Faltaban dieciséis horas para dar inicio al golpe de Estado y ahí estaba sobre la mesa el documento que daba origen a la Junta Militar. Firmó Pinochet y en seguida lo hizo Leigh. Luego quedó la firma de Carvajal, en representación del almirante Merino. Y finalmente, a las cuatro de la tarde, firmó el general Mendoza.

Cuando el carabinero estampó su rúbrica, ¿habrá recordado la comida del sábado 8, en la Escuela de Carabineros? ¿Habrá escuchado el eco de su propia voz alzando la copa en honor del presidente Allende y alabando su coraje como estadista para conducir a su pueblo por sendas de mayor justicia social? ¿Qué ideas y sentimientos se le habrán cruzado al general Mendoza cuando firmó el documento? Ya no hay cómo saberlo. Lo único claro es que a las cuatro de la tarde del 10 de septiembre de 1973, a pocos metros al sur del Palacio de La Moneda, se completó el pacto golpista.

Notas:

[1] *Más allá del abismo*, Sergio Arellano I., Editorial Proyección.

[2] *El día en que murió Allende*, Ignacio González Camus, Editorial Cesoc.

[3] *El general disidente*, Florencia Varas, Editorial Aconcagua.

[4] *El general disidente*, Florencia Varas, Editorial Aconcagua.

Capítulo dos
A los puestos de mando

Hacia fines del invierno, la noche es aún fría y cae temprano sobre Santiago. En el aeropuerto de Pudahuel, el canciller Clodomiro Almeyda volvía desde Argel y el edecán aéreo del Presidente, comandante Roberto Sánchez, lo esperaba en la losa con un recado: ir a La Moneda de inmediato.

El presidente Allende debió haber ido a Argel a la Conferencia Cumbre de Países No Alineados. Era el invitado estelar de los Jefes de Estado de cinco continentes. Pero la delicada situación interna lo hizo desistir.

Mientras el canciller recorría la ciudad desde el poniente hacia el centro, todo le parecía normal ese anochecer del 10 de septiembre. La gente que esperaba microbuses, los trabajadores que volvían a sus hogares, algunas filas frente a almacenes a los que había llegado algún producto escaso, los quioscos donde los diarios voceaban en sus titulares el conflicto político creciente, ya que a esa altura la prensa estaba claramente dividida entre la opositora y la oficialista.

En la antesala del despacho presidencial, el Canciller saludó al senador radical Hugo Miranda y al líder del Mapu Obrero y Campesino, Jaime Gazmuri. Los tres entraron luego a reunirse con Allende.

—Encontré al Presidente tranquilo y distendido, como si se hubiera sacado de encima un enorme y pesado fardo —aseguró luego Almeyda.[1]

El inminente anuncio de plebiscito era la razón de ese estado de ánimo: "Nos dijo que el plebiscito iba a aliviar la tensión política. Y que, en ese nuevo escenario, con las pasiones más temperadas, sería posible reflexionar con calma y buscar una salida", recordó Almeyda.

A esa misma hora, a pocos metros del palacio presidencial, el periodista Federico Willoughby ultimaba los preparativos para que la radio *Agricultura* entrara en acción, como cabecera de la cadena radial de las Fuerzas Armadas. El "corazón" de la radioemisora ya estaba blindado con las planchas de fierro aportadas por *Asimet*, la entidad que agrupa a los industriales metalúrgicos.

Y mientras el Presidente abordaba el automóvil para ir hacia su casa, a pocos metros al sur de La Moneda —en el quinto piso del Ministerio de Defensa— el general Nicanor Díaz Estrada entraba en acción. Ordenó que la guardia del Ministerio estuviera acuartelada en primer grado a partir de las seis de la mañana. Era el Subjefe del Estado Mayor de la Defensa y nadie cuestionó su orden.

Al oriente de la capital, en el comedor de la residencia presidencial, Hortensia Bussi y su hija Isabel relataban anécdotas de su viaje a México. El Presidente escuchaba atentamente a su mujer y a su hija, mientras atendía a los tres invitados, el ministro del Interior, Carlos Briones, y sus asesores Augusto Olivares y Joan Garcés. Casi al final de la comida llegó Orlando Letelier, ministro de Defensa. Una vez solos, los hombres se concentraron en la reunión para analizar el cuadro político y dar el último repaso al discurso que proponía la convocatoria al plebiscito.

El Presidente seguía de buen ánimo. El cansancio se notaba sólo en el gesto de sacarse los anteojos de grueso marco, cerrar los ojos y frotar levemente los lacrimales con el índice y el pulgar de su mano derecha abierta. Cerca de la medianoche llegó el primer llamado de alerta. Alfredo Joignant, director de Investigaciones —policía civil—, informó al Ministro del Interior que la guarnición de Santiago estaba acuartelada. "Y no logramos saber la razón", agregó. La pregunta pasó al Ministro de Defensa. No, Letelier no estaba informado.

—Llame y averigüe —pidió el Presidente a Letelier, quien se levantó para telefonear al general Herman Brady, jefe de la Guarnición de Santiago.

—No, el general Brady no tiene idea. Va a averiguar y quedé en llamarlo en quince minutos —informó luego el Ministro de Defensa.

Brady debió ensayar varias veces lo que iba a decir. Una palabra de más y podía activar una alarma que echaría por tierra el complot. Tenía que mostrar un tono relajado, confiable. Lo hizo bien: informó que se había ordenado un acuartelamiento de última hora y la protección militar a las gasolineras, en previsión de desórdenes al día siguiente.

El segundo llamado del Jefe de la Policía Civil llegó pocos minutos después. El Intendente de Los Andes —dijo— necesitaba hablar urgente con el Ministro del Interior. ¿Cuál era esa urgencia? Briones lo averiguó de inmediato: camiones con tropas, varios camiones, estaban saliendo de los regimientos.

—Tiene cara de golpe —recuerda haber dicho Briones al terminar de informar al Presidente y los otros.

A esa altura, ya en la madrugada del 11 de septiembre, la reunión cambió de giro en la casa presidencial. Los llamados se sucedían y, entre uno y otro, se hacían listas verbales de los generales y almirantes que pudieran estar implicados en una sublevación.

Todo indica que no mencionaron entre los posibles complotadores al almirante José Toribio Merino, jefe de la primera Zona Naval, quien a esa misma hora estaba ya emitiendo el mensaje cifrado desde su oficina porteña en la Academia de Guerra. Un mensaje de tres palabras, utilizando el nombre de la más popular de las algas chilenas: "Ejecución Plan Cochayuyo 110600".

El presidente Allende decidió archivar los rumores. No más. "Hace meses que no dormiría si tuviera que atender cada rumor", recuerda haberle escuchado comentar su asesor Joan Garcés. Y decidió irse a dormir porque —agregó— "mañana nos espera un día duro".[2]

A las cuatro de la mañana, por las vacías calles de Santiago, el coronel Julio Polloni se deslizaba en un vehículo, recolectando a los miembros de su equipo. Ingenieros y radioperadores elegidos para ejecutar el "Plan Silencio": desconectar la comunicación telefónica en puntos claves y silenciar las radioemisoras izquierdistas.

A las cinco de la mañana, llegó a la casa presidencial el llamado del general Jorge Urrutia, subdirector de Carabineros. Informó al Presidente que tropas de la Armada estaban movilizándose por las calles de Valparaíso. No había razón aparente que lo justificara. "Ya, ya... voy a tomar medidas, General, sígame informando", contestó el Presidente.

Momentos más tarde, otro llamado del general Urrutia le informó que tropas del regimiento Maipo —en Valparaíso— estaban saliendo del cuartel.

—¡Haga cerrar la carretera Valparaíso-Santiago! —fue la escueta orden de Allende.

El Presidente volvió a llamar al general Brady y escuchó su explicación olfateando la mentira.

A esa misma hora, en alta mar, la diana sonó en los altoparlantes de las naves de la Escuadra. Habían zarpado hacia el norte la víspera, para participar en la Operación Unitas con las naves estadounidenses. Los marinos despertaron cuando ya venían de regreso hacia el puerto. En los cruceros *Prat* y *O'Higgins*; en los destructores *Cochrane*, *Blanco Encalada* y *Orella*; y en el submarino

Simpson, los oficiales comenzaron a dar voces de mando. Había que alistar a la marinería para el golpe.

En Santiago, la casa presidencial mantenía las luces encendidas. Los teléfonos seguían sonando. El Presidente pidió una comunicación inmediata con el director de Carabineros, general José María Sepúlveda, y le ordenó reforzar la guardia de La Moneda. Al ministro del Interior le pidió trasladarse de inmediato al palacio. Con el general Augusto Pinochet no pudo hablar. "Mi General está en la ducha", explicó un ordenanza. Lo mismo dijeron en la casa del almirante Carvajal. En la casa del general Orlando Urbina, nadie contestó el llamado. El Presidente no estaba enterado de que Pinochet lo había enviado de emergencia a Temuco, con la excusa de investigar un foco guerrillero en Neltume. Así alejó de Santiago al general Urbina.

Momentos antes de las seis de la mañana, el vicealmirante Patricio Carvajal llegaba a su despacho en el Ministerio de Defensa. Ese día su oficina se transformaba en su "puesto de combate". Tras él llegó el general Díaz Estrada, de la Fuerza Aérea, y el general Sergio Nuño, del Ejército. Como en reguero de pólvora encendida, fueron llegando los oficiales y los civiles que ese día debían actuar desde ese "puesto", situado a tan pocos metros del Palacio de La Moneda. Civiles como el periodista Willoughby, el abogado Sergio Arellano (hijo del general), el comentarista político Alvaro Puga...

A las seis y media, el capitán José Muñoz —de Carabineros— recibió la orden de presentarse en la casa presidencial. Vivía a pocos metros, en la misma avenida Tomás Moro, y estaba a cargo de la guardia del Presidente. Cuando ingresó a las casetas de vigilancia, los miembros del GAP ya comentaban de la sublevación de la Armada. GAP se denominaba a la guardia personal del Primer Mandatario, un conjunto de hombres leales a toda prueba que se formó en la emergencia del asesinato del comandante en jefe del Ejército, general René Schneider. Allende era ya, en octubre de 1970, el Presidente electo cuando la ultraderecha recurrió a ese crimen para impedir que asumiera el Poder Ejecutivo. En esas circunstancias surgió este equipo "ideológico" de guardaespaldas, ya que todos militaban en partidos de izquierda. El "grupo de amigos personales", como lo describió el propio Allende públicamente. Y de las letras iniciales de esa descripción nació la sigla GAP. Una sigla que ese día marcaría con la muerte a la mayoría de sus miembros.

Los teléfonos seguían al rojo en Tomás Moro. Los asesores Garcés y Olivares –que habían alojado en la casa presidencial– marcaban números una y otra vez. Otros aparatos hacían repicar sus campanillas. El ministro de Defensa llama e informa que logró encontrar al almirante Carvajal en el Ministerio de Defensa. Las cejas se levantaron en signo de interrogación. ¿Qué hacía Carvajal tan temprano en su oficina? A esa altura, toda explicación sobre movimiento de tropas olía a mentira.

El Presidente se cambió de ropa en pocos minutos. Pantalón gris, chaqueta de *tweed*, chaleco de cachemira gris de cuello alto. Una tenida informal que debió parecerle apta para un día de emergencia. Un día de trabajo intenso, puertas adentro, hasta sofocar la rebelión. ¿La sublevación de quiénes, de cuántos, focalizada en qué unidades?

Todos se prepararon para partir.

—Nos vamos a La Moneda. Escoja el mejor camino, capitán Muñoz —ordenó al joven oficial con el que había entablado una relación de simpatía luego de tres años de "trabajo" en común.

Los automóviles Fiat 125 de color azul oscuro salieron en caravana, más rápido que de costumbre, por avenida Tomás Moro hacia el norte. Nunca supieron que, desde unos cuantos metros hacia el sur, un oficial de Inteligencia observó la maniobra, activó su aparato de radio e informó al Ministerio de Defensa de la salida del Presidente. Allá, en el centro de Santiago, una vez enterado, el general Díaz Estrada inspiró hondo y exhaló al tiempo que decía: "¡Ahora empieza la acción!"

En La Moneda, la joven periodista Verónica Ahumada tecleaba sólo letras mayúsculas en la máquina de su oficina del segundo piso. Preparaba el informe de la prensa del día para el Presidente. Letras grandes y doble espacio para que él pudiera leer con facilidad. Entre los diarios opositores y oficialistas destacaba el gran titular del comunista *El Siglo*. Utilizando un lenguaje bélico que no se compadecía con el contenido —alertar a los trabajadores sobre la posible sublevación en marcha— titulaba "Todos a sus puestos de combate".

Sobre el escritorio de Verónica Ahumada, la pauta de las actividades presidenciales del día. Once horas, Universidad Técnica del Estado: "Yo sabía que esa era la actividad más importante del día, que mi tarea principal era concentrar la atención periodística en las palabras del Presidente, ya que convocaría a un plebiscito. Pero muy temprano, esa mañana, un colega de *Prensa Latina* me avisó que algo raro estaba ocurriendo con la Marina en Valparaíso. Así que inicié el día sabiendo que tenía por delante una jornada especial".

Entre los amortiguados ruidos del personal de servicio, que terminaba de asear oficinas y pasillos, escuchó que alguien corría hacia su oficina.

—Señorita Verónica, ¡están llegando unos tanques! —la alertó el mozo que cada mañana le servía el primer café.

Ella fue hasta los ventanales del frente norte y observó las tanquetas de Carabineros que se apostaban alrededor de La Moneda. "Igual que el 29 de junio", pensó. Tomó el citófono y se comunicó con la casa presidencial. No, el Presidente acababa de partir. Sí, claro, sabemos lo que está pasando, le contestó un guardia del GAP. Ella imaginó que tendrían por delante otro intento de sublevación como el del 29 de junio. Se preparó anímicamente para apoyar al Presidente en un día álgido.

A esa misma hora, el Comandante en Jefe del Ejército ordenaba a su chofer que lo llevara al recinto militar de Peñalolén. No tuvo de quien despedirse el general Pinochet, ya que en la víspera había movilizado a su mujer y a sus hijos menores a la Escuela de Alta Montaña en Los Andes. Nunca se sabrá qué excusa dio al comandante de dicho regimiento, coronel Renato Cantuarias, para que recibiera a su familia. Un manto de secreto se tendió, pocos días después del golpe militar, sobre el acribillado cuerpo del coronel Cantuarias, calificado como proclive al gobierno izquierdista. "Lo trajeron preso al día siguiente a la Escuela Militar y le dejaron un revólver sobre la mesa para que se suicidara", aseguró años después el general Nicanor Díaz Estrada. Del "suicidio" todos dudan y nunca se supo qué pasó realmente con el coronel Cantuarias.

Quizás porque ese día se jugaba el todo o nada, quizás porque le rondaba la muerte, necesitó de una despedida el general Pinochet. No buscó a su madre, doña Avelina, mítico personaje de quien tenía la más fuerte dependencia afectiva. Quizás por no tenerla con el alma pendiente de un hilo todo el día. Así que ordenó al chofer que se desviara para pasar por la casa de su hijo mayor. Poco después, siguió al Comando de Peñalolén, donde llegó con unos minutos de retraso. Al verlo llegar, el general Bonilla recuperó el aliento. Había estado contando los segundos, a punto de tomar el mando, según las instrucciones acordadas.

En el faldeo precordillerano, a unos mil metros de altura, ¿habrá volteado la cabeza el general Pinochet para mirar hacia el centro de Santiago? ¿Se preguntó en qué estaría el Presidente en esos momentos?

Los cálculos indican que Allende llegó al Palacio de La Moneda alrededor de las 7.30 horas. Su "puesto de mando" —en esa mañana aciaga— ya estaba custodiado por tanquetas de Carabineros y los transeúntes observaban con curiosidad el inusitado despliegue policial. Decidió no entrar por la puerta lateral de Morandé 80, como era su costumbre. Optó por la gran puerta principal que da a calle Moneda y la guardia de Carabineros se cuadró en saludo matinal. Quizás lo hizo para notificar, a quienes estuvieran observando, que el Presidente de Chile había llegado al Palacio Gubernamental. O quizás intuyó que sería la última vez...

—Lo vi cuando comenzó a subir por la escalera principal, la de mármol. Nos saludamos y me dijo: "¿Qué hace aquí? Hoy no va a ser como el 29 de junio, este es un día muy especial". Yo le argumenté que había llegado muy temprano y que mi deber era estar ahí —recuerda Verónica Ahumada.

Casi al mismo tiempo, por la puerta de Morandé 80, entró su secretario, Osvaldo Puccio, acompañado de su hijo del mismo nombre, un estudiante de Derecho de sólo 20 años. Al despacho presidencial llegó el llamado del jefe del Partido Socialista, senador Carlos Altamirano. Ya estaba reunido con la comisión política del partido, a pocas cuadras del Palacio. Allende le informó que —según los primeros datos— se trataba de una sublevación de la Armada, que estaba a la espera de un informe del ministro de Defensa. Altamirano le propuso dirigir las acciones desde un lugar más seguro: "Le dije que el Palacio de Gobierno me parecía de alto riesgo. Argumenté para tratar de convencerlo, pero Allende se negó rotundamente".

—¡No, no! El lugar del Presidente es el Palacio de La Moneda, ¡ningún otro! —dijo en un tono que no daba pie a discutir su palabra.

Pocos metros al sur, entre tanto, en el Ministerio de Defensa, se estaba cumpliendo la orden dada por el general Díaz Estrada: apresar al Ministro de Defensa apenas cruzara la puerta de guardia. Orlando Letelier no sospechó del peligro al entrar y fue sorprendido por el metálico contacto del arma que le apuntó en la espalda.

De la detención de Letelier no se enteró el presidente Allende. Debió inferir que algo muy grave le impedía llegar a La Moneda o comunicarse con él. A su lado, en cambio, estaba el director de Carabineros, general José María Sepúlveda, y por lo tanto creía contar con la policía uniformada para enfrentar lo que viniera. Y los otros comandantes en jefe, ¿dónde estaban? No se lograba ubicar a los generales Pinochet y Leigh. ¿Estaban detenidos por los sublevados o estaban involucrados? ¿Y el almirante Montero, dónde estaba el Comandante en Jefe de la Armada? Las preguntas se cruzaban en el despacho presidencial y no había respuestas.

De lo que había sucedido con el almirante Montero tampoco se enteró nunca el Presidente. En su casa situada al oriente de la capital, en calle Sánchez Fontecilla, el Jefe de la Armada estaba sitiado. Teléfonos desconectados, el motor de su auto no arrancaba, nuevos candados en su reja exterior y soldados vigilando en la vereda. Derrotado por el estupor, Montero se rindió ante la realidad.

En el despacho presidencial, tres teléfonos están directamente comunicados con las radios *Magallanes*, *Corporación* y *Portales*. A las 7.55 horas quedó registrada la primera comunicación del Presidente a la ciudadanía a través de radio *Corporación*. Anunció al país que, según los primeros informes, una sublevación de la Armada tenía aislado el puerto de Valparaíso. Pidió a los trabajadores que concurrieran a sus puestos de trabajo y mantuvieran la calma: "En todo caso, yo estoy aquí, en el Palacio de Gobierno, y me quedaré aquí defendiendo al gobierno que represento por la voluntad del pueblo".

Y dio instrucciones: "Lo que deseo, esencialmente, es que los trabajadores estén atentos, vigilantes, que eviten provocaciones. Como primera etapa, tenemos que ver la respuesta, que espero sea positiva, de los soldados de la patria, que han jurado defender el régimen establecido".

Minutos más tarde, un avión de la Fach sobrevoló el sector de Colina y lanzó cohetes para destruir la antena transmisora de radio *Corporación*. De paso, dañó la antena de la derechista radio *Agricultura*, lo que obligó a traspasar la cabecera radial golpista a la radio *Minería*.

En una segunda intervención radial, el Presidente confirmó la sublevación de la Armada, aseguró que la capital estaba bajo control y reiteró la instrucción de que los trabajadores debían permanecer en sus puestos de trabajo.

La capital, ¿bajo control? La carencia de datos fidedignos y la presencia del jefe máximo de Carabineros en La Moneda provocaron la confusión. Porque el general Sepúlveda y su segundo, el general Urrutia, tardaron un tiempo en comprobar que ya no tenían mando real sobre la policía uniformada. Que hasta las tanquetas que rodeaban el palacio tenían instrucciones de "permanecer pasivas". Que no estaban ahí para defender La Moneda, más bien la tenían sitiada.

Notas:

[1] *Reencuentro con mi vida*, Clodomiro Almeyda, Las Ediciones del Ornitorrinco.

[2] *Allende y la experiencia chilena*, Joan E. Garcés, Ediciones Bat.

Capítulo tres
Tiempo de lealtad y de traición

EL TIEMPO SE TORNA espeso cuando la muerte gira en las aspas de los helicópteros militares. ¿Qué fue primero? ¿Qué fue después? No hubo cámaras que registraran la acción del Presidente en el último día de su mandato y en las últimas horas de su vida. Los recuerdos de los testigos se hilvanan con dificultad, bosquejando un cuadro en que cada pincelada se torna más violenta al paso de los minutos.

Allí está el Palacio de Gobierno, con las banderas flameando por la brisa de septiembre. Sólido en su gris masa encementada que ocupa una cuadra completa. Símbolo democrático que ese día entornó sus puertas —impidiendo el libre paso de los ciudadanos por sus patios— como anticipo de las libertades y derechos que serían cercenados por los bandos militares.

Temprano llegó al Palacio el inspector Juan Seoane Miranda, jefe de la sección Presidencia de la República de la Policía de Investigaciones, la policía civil chilena. En pocos minutos reunió a diecisiete de sus subalternos —sólo faltaron cuatro— y se reportó telefónicamente con su director, Alfredo Joignant, solicitando instrucciones.

—Usted se queda ahí con el Presidente y lo defiende —fue la instrucción precisa que le impartió Joignant.

No, no imaginó Seoane entonces que la "defensa" pudiera ser tal. Nunca había planeado defender La Moneda de un ataque armado. Ni siquiera lo hizo después del abortado "tanquetazo" del 29 de junio de ese año. Su gente contaba con las armas cortas y largas dispuestas por el servicio. Nada más.

"Usted se queda ahí con el Presidente y lo defiende". La orden del director encajó a la perfección en el código ético del policía: " No lo dudé ni por un segundo. Ahí estaba el gobierno legalmente constituido que habíamos jurado defender. Lo mismo habíamos hecho casi tres meses antes, para el tanquetazo del 29 de junio. Y ese día nos felicitaron", recordó Seoane después.[1]

Comunicó la orden a sus hombres, observó sus rostros para pesquisar temores y dudas. Ya los datos indicaban que no sería un nuevo "tanquetazo", que se trataba de una acción armada de mayor envergadura, quizás era el golpe militar del que se comentaba como inminente en todos los corrillos desde hacía semanas. Quizás. Pero Seoane y sus hombres no estaban ahí para discutir. Eran detectives y su orden era defender al Presidente de la República y hacer cumplir la ley.

Casi a la misma hora en que el edecán militar —teniente coronel Sergio Badiola— llegó al Palacio, el edecán aéreo se debatía en un silencioso y desesperado "¿qué hago, qué hago?" El comandante Roberto Sánchez no lograba reponerse de la gélida sorpresa que le había dado el coronel Eduardo Fornet en el Ministerio de Defensa. Lo había citado por teléfono, de urgencia, esa misma mañana y, sin mediar preámbulos, le había comunicado que el golpe estaba en marcha y su orden del día: "Tienes que ofrecerle al Presidente un avión para dónde él quiera irse, con su familia. En Cerrillos, hay un DC-6 esperando. Y tú tienes que acompañarlo. Decide tú cómo se lo dices. Si quieres, hazlo por teléfono", dijo el secretario del Comandante en Jefe de la Fuerza Aérea.

El comandante Sánchez dice que respondió con un "prefiero decírselo de frente". Que salió, con el corazón retumbándole fuerte en el pecho, y subió hasta la oficina del general Gabriel van Schowen. Necesitaba confirmar la orden, necesitaba de una voz amiga que le dijera si era verdad o no lo que había escuchado. Sí, no había error. "Cumpla la orden, comandante", le dijo el general. "A su orden", se cuadró Sánchez. Dice que bajó en busca de su viejo Chevrolet. Miró la hora, calculó que el Presidente estaría aún en su casa y decidió ir allá. ¿Adónde querría irse? ¿A Buenos Aires, Lima o más lejos? Dice que cruzó la ciudad de poniente a oriente, con las ideas entrecruzadas y la mano derecha que se turnaba entre la palanca de cambios y la perilla de la radio para sintonizar noticias. Decidió pasar primero por su casa. Salió de ahí con un maletín conteniendo un poco de ropa de recambio. A pocas cuadras de Tomás Moro, supo por la radio que el Presidente ya estaba en La Moneda. Mantuvo el rumbo. Al llegar, pidió hablar con Hortensia Bussi, la Primera Dama. Asegura el comandante Sánchez que el diálogo fue breve. El mensaje de la Fuerza Aérea era escueto: "Decidí decírselo, señora Tencha, para que usted esté preparada", recuerda haber agregado. Ella le pidió que fuera a La Moneda de inmediato: "Dígaselo usted mismo a Salvador".

En la residencia de Tomás Moro, en cambio, nadie recuerda haber visto al comandante Sánchez. Ni la Primera Dama ni el asesor Víctor Pey. Quien recuerda haber atendido su llamado telefónico a La Moneda es el asesor Joan Garcés, un llamado perentorio para hablar sólo con el Presidente.[2] Y Allende le respondió así:

—Sí...escucho... ¡dígale al general Van Schowen que el Presidente de Chile no arranca en avión!... Y que él sepa comportarse como un soldado, que yo sabré cumplir como Presidente de la República!... ¿Entendió bien?... Y usted, ¿qué hace ahí?... ha ido a informarse... bien, véngase de inmediato a La Moneda.

Sólo un llamado desde el extranjero pudo cruzar las invisibles barreras que rodeaban el despacho presidencial esa mañana. Desde Buenos Aires, la voz de Ramón Huidobro —embajador en Argentina— delataba su inquietud ante las noticias que ya comenzaban a difundir las agencias. Inquirió por los periodistas asesores del Presidente, Augusto Olivares o Carlos Jorquera.

—No, embajador, no están por acá —le contestaron.

Y de repente el propio Presidente se puso al teléfono:

—Se ha sublevado la Marina, Ramón, y unos cuantos generales traidores. Pero yo voy a pelear hasta la muerte. Déle un beso a Panchita y a usted, mi abrazo como siempre.

Cuando el Presidente cortó la comunicación, miró a su ministro de Educación —Edgardo Enríquez— y le comentó: "Si yo tengo cinco amigos de verdad, éste es uno de ellos".

El primer bando militar debió emitirse por la cadena radial derechista a las 8.30 horas. El ajuste para cambiar la radioemisora que debía encabezar la red golpista retrasó esa emisión en doce minutos. Y fue la voz del teniente coronel Roberto Guillard la que emergió desde el quinto piso del Ministerio de Defensa.

—Teniendo presente la gravísima crisis social y moral por la que atraviesa el país —comenzó diciendo la voz de timbre grave que quedó grabada de por vida en la memoria de millones de chilenos.

Y siguió enumerando razones hasta llegar al meollo: "El señor Presidente de la República debe proceder a la inmediata entrega de su alto cargo a las Fuerzas Armadas y Carabineros de Chile".

En el Palacio de La Moneda, la voz del comandante Guillard parecía un eco fantasmal que recorría oficinas y patios. Exigía la renuncia del presidente Allende. Ordenaba la inmediata suspensión de toda actividad informativa por parte de radios, canales de televisión y prensa izquierdista. Si no acataban —se agregaba en abierta amenaza— "recibirán castigo aéreo y terrestre". Exhortaba a la población a quedarse encerrada en sus casas "a fin de evitar víctimas inocentes". Y, finalmente, las firmas de los jefes del complot: general Augusto Pinochet, almirante José Toribio Merino, general Gustavo Leigh y general César Mendoza. Ejército, Armada, Fuerza Aérea y Carabineros. Dos Comandantes en Jefe en ejercicio, el del Ejército y el de la Fuerza Aérea. Dos que se arrogaban en ese momento las jefaturas, en la Armada y Carabineros, descabezando a sus propios superiores.

En La Moneda, un silencio de algunos segundos siguió al primer bando militar. Un silencio que presagiaba la tragedia. Un silencio que apretó las gargantas y los puños. Y se retomó la acción sabiendo que la democracia y la vida misma estaban en juego.

El Presidente pidió el teléfono que lo conectaba a la radio. Por las ondas de radio *Magallanes* se difundió su tercer mensaje al país, en abierto desafío a los golpistas. Y se refirió directamente a la petición de renuncia: "No lo haré. Notifico ante el país la actitud increíble de soldados que faltan a su palabra y a su compromiso. Hago presente mi decisión irrevocable de seguir defendiendo a Chile en su prestigio, en su tradición, en su forma jurídica, en su Constitución".

El general Sepúlveda, director general de Carabineros, pálido al extremo, decidió moverse para intentar salvar su mando. Llamó, desde La Moneda, al general

Urrutia —su segundo en la línea de mando— y le ordenó presentarse de inmediato. A los pocos minutos, tenía enfrente a Urrutia, acompañado de los generales Salinas y Alvarez.

—General, estamos puro tonteando —le dijo Urrutia al general Sepúlveda con gesto derrotado.

Y para darle la razón, a esa misma hora el cerco policial de La Moneda comenzó a dar señales de su ubicación en el conflicto. No, no estaba ahí para proteger al gobierno. Más bien estaba para asegurar el secuestro del Presidente y sus colaboradores dentro del Palacio. Se bloquearon todos los accesos y hasta Beatriz Allende, la hija del Presidente, debió botar una barrera policial, arremetiendo con su automóvil, para poder reunirse con su padre.

¿Quién podía entrar y quién podía salir del Palacio? La confusión llevó a provocar escenas muy violentas. Como cuando llegaron hasta el cerco policial dos vehículos provenientes de la casa presidencial. En el pequeño Renault blanco venía Miria Contreras, la Payita, y su hijo Enrique Ropert. En la camioneta, diez hombres del GAP encabezados por su jefe, Domingo Blanco ("Bruno").

Enterada de la emergencia, la Payita había corrido para estar junto al Presidente y apoyarlo en su accionar. No sólo era su secretaria privada. Había entre ellos un fuerte vínculo emocional que se había entretejido durante más de cinco años. Una relación que se había sellado en 1970, cuando ella debió velar junto a su cama por casi tres semanas. Porque siendo ya candidato presidencial, Allende tuvo un preinfarto. De haberse sabido la noticia, le habría costado la candidatura. Sólo dos médicos, Gonzalo Sepúlveda y Oscar Soto, participaron de los cuidados del líder socialista. Compartió el secreto el senador socialista Carlos Altamirano.

Así, presintiendo la tragedia esa mañana de septiembre, la Payita corrió desde su casa en El Cañaveral hasta la residencia presidencial de Tomás Moro. Supo que el Presidente había partido a La Moneda y se quedó en la guardia, sin entrar a la casa.

¿Qué hacer? Finalmente decidió movilizar a los diez hombres del GAP hacia el Palacio. Todo le indicaba que se debía reforzar la guardia armada en torno al Presidente. Jamás imaginó que su decisión los conduciría a la muerte. Por calle Moneda, los dos vehículos se acercaron a Morandé, donde fueron interceptados por los carabineros. Al ver que los miembros del GAP eran obligados a bajar y comenzaban a levantar las manos, en señal de estar detenidos, la Payita creyó que sólo se trataba de una confusión.

—Baja, hijo, baja y diles que son del GAP —ordenó al joven Enrique Ropert.

Enrique corrió, dejando abierta la puerta del Renault, y no alcanzó a balbucear dos palabras cuando recibió la orden de alzar las manos también.

¿Qué estaba pasando? La Payita bajó del vehículo y, entre gritos y tirones, trató de retener a su hijo. No le fue posible. Los once jóvenes entraron, manos en alto, al edificio de la Intendencia, al mismo tiempo que el intendente Julio Stuardo –desde el balcón– gritaba: "¡Suelten a la guardia del Presidente!". No, el Intendente ya no tenía mando sobre los carabineros. Por algún rato, en un toque surrealista en medio de la tragedia, Stuardo vociferaría órdenes desde el balcón. Órdenes que nadie acataba, desde un balcón que era anticipo de su celda de prisionero político.

La Payita forcejeó hasta liberarse y corrió por Morandé hasta el garaje presidencial. Se comunicó con el Presidente.

–Calma, mantén la calma, Paya. Sube y desde aquí arreglamos el asunto –la tranquilizó Allende.

Ella cruzó la calle y entró al Palacio por la puerta de Morandé 80. En pocos segundos, el Presidente tenía delante al general Sepúlveda y le pidió que actuase para conseguir la liberación de Enrique Ropert y los diez hombres del GAP. No fue una orden. Ni el Presidente ni el general Sepúlveda sabían qué poder real podría tener, a esa altura, el título oficial de General Director de Carabineros.

La Payita intuyó que cada segundo era clave. La vida de su hijo de 20 años estaba en riesgo. Y la vida de otros diez jóvenes a los que apreciaba. Ella los había traído hasta La Moneda, ella debía rescatarlos. Bajó las escaleras corriendo y, a la pasada, forzó al edecán naval para acompañarla a la Intendencia. No, el capitán de fragata Grez se negó a realizar cualquier gestión ante Carabineros y se volvió hacia el interior del Palacio. Ella, desesperada, retrocedió para buscar otro apoyo. El general Urrutia —segundo en el mando de Carabineros— accedió a realizar la gestión. Exigió ir solo. Y volvió derrotado pocos minutos después: "Lo siento, pero ya no obedecen a mi general Sepúlveda. Sólo reciben órdenes del general Mendoza".

Nunca el general Mendoza aclaró qué órdenes impartió en este caso. Y así fue cómo el joven Enrique Ropert y diez miembros del GAP pasaron a integrar las nóminas de los detenidos que desaparecieron.

El presidente Allende asistió impotente a la angustia de su querida Paya. La calmó como pudo y luego ambos se sumergieron en las urgencias que demandaba cada minuto en el Palacio Presidencial, donde lealtades y traiciones se conjugaban como verbos de vida y de muerte.

Ahí estaba, en el despacho, el ex ministro Aníbal Palma, un joven radical al que todos llamaban "El Pibe". Sorteando barreras, en su pequeño Fiat 600, había logrado entrar al Palacio.

—Presidente, lo escuché en la radio diciendo que cada trabajador debe estar en su puesto de trabajo. Y como yo estoy cesante, le vine a pedir un puesto de trabajo aquí, al lado suyo...

—Aníbal, yo sabía que usted iba a estar —dijo el Presidente al tiempo que lo abrazaba.

Ahí estaba el ministro de Educación, don Edgardo Enríquez, quien le cuenta que más de trescientas funcionarias llegaron hasta sus puestos de trabajo, a pocos metros del Palacio, y se niegan a retirarse a sus casas:

—Dicen que quieren quedarse para demostrarle su lealtad, Presidente —termina aclarando con voz solemne el respetable educador.

Unos segundos de silencio marcan la emoción que el Presidente debe contener.

—Vaya con ellas, don Edgardo, y dígales a esas compañeras que se retiren, que les agradezco mucho su gesto, pero no deben exponerse...

Al cruzar La Moneda, para volver a su Ministerio, ubicado a poco más de una cuadra del palacio, Enríquez encontró al periodista Augusto Olivares semiarrodillado, tratando de armar una metralleta en el piso. La escena hablaba por sí sola, mientras la amenaza ya surcaba el nublado cielo de la capital chilena, con su zumbido de turbinas y hélices.

Don Edgardo se detuvo junto a Olivares por un momento, observando su afán. "¡Hombre! ... estamos mal", exclamó con su voz grave. "Cuando un periodista está armando una metralleta es señal de que no hay quien lo defienda", agregó.

Ahí estaba también su hija Isabel, quien había logrado cruzar el cerco policial: "En el rostro de mi padre, advertí una mezcla de sorpresa e incredulidad cuando me vio. Y percibí también su íntima satisfacción por tener cerca a sus dos hijas". Sentimientos encontrados los del Presidente. Necesitar de las hijas a su lado y necesitar saberlas a salvo, muy lejos de allí. "Sí, debo reconocer que nuestra presencia lo perturbaba profundamente", recuerda Isabel.[3]

Los presentes y los ausentes. El Presidente decidió, a esa altura, que el general Carlos Prats debía estar en La Moneda. Habría esperado que el ex Comandante en Jefe del Ejército lo llamara o se apareciera por el palacio por propia iniciativa. No fue así. Ubicó a su asesor Víctor Pey en la casa presidencial. Cuatro días antes, atendiendo la petición de Prats por un lugar "seguro" para vivir por el momento, Allende traspasó la petición a Pey. El general en retiro fue trasladado a un departamento en el barrio alto de la capital. Ahora había que ubicarlo con urgencia:

—Víctor, ve a buscar al general Prats, que venga a La Moneda — pidió el Presidente.

No pudo ser. Nadie contestaba los dos teléfonos de ese departamento. Sin avisar, el general Prats se había trasladado a casa de sus padres.

En la radio *Magallanes* se escuchó la proclama de la Central Única de Trabajadores (CUT). A ocupar fábricas y campos, exhortaba el locutor con voz firme. A parar "el golpe fascista". ¿Cómo, con qué? Sólo se buscaba repetir el efecto logrado para el "tanquetazo" del 29 de junio, donde casi 250 empresas fueron ocupadas por sus trabajadores en señal de repudio ciudadano.

Minutos después, en la misma radio, emergió la voz del Presidente por cuarta vez. Y allí describió lo que sucedía en La Moneda: "En estos momentos, pasan los aviones. Es posible que nos acribillen. Pero que sepan que aquí estamos, por lo menos con nuestro ejemplo, que en este país hay hombres que saben cumplir con la obligación que tienen"...

Fue entonces cuando se recibió el primer llamado del vicealmirante Patricio Carvajal en La Moneda. El detective Quintín Romero iba cruzando una oficina, cercana al despacho presidencial, cuando escuchó la campanilla y atendió el teléfono.[4]

—Habla el almirante Patricio Carvajal, póngame con el Presidente —dijo la voz en tono perentorio.

Romero corrió al despacho y luego guió al Presidente hasta el aparato que había quedado descolgado. Un tenso silencio cubrió al pequeño grupo cuando Allende tomó el teléfono. Sin que se le moviera ni un músculo en el rostro, escuchó la oferta de un avión para salir del país una vez que se rindiera. Cuando Carvajal terminó de hablar, la voz del Presidente se soltó como un elástico, como un tiro de honda de David frente a Goliat, sólo que en lugar de la piedra estaba su dignidad como Primer Mandatario.

—¡Pero ustedes qué se han creído, traidores de mierda! ...¡Métanse su avión por el culo! ... ¡Usted está hablando con el Presidente de la República! ... ¡Y el Presidente elegido por el pueblo no se rinde! —gritó en el teléfono y colgó el auricular con tal fuerza que rebotó en el aparato.

Levantó la mirada y ubicó al detective Romero entre el grupo:

—No vuelvo a recibir llamados de este tipo. No me los pasen —instruyó con el tono aún cargado de ira.

Uno de los médicos observó detenidamente el rostro del Presidente. Todo el equipo de facultativos —más de diez— había acudido al llamado de emergencia esa mañana.

—El Presidente tenía fibrilación auricular paroxística, lo que produce arritmia cardíaca. Y eso podía jugarle una mala pasada en cualquier momento. De hecho, sucedió unas tres veces durante su mandato y por eso teníamos cerca suyo, siempre, una especie de Unidad Coronaria móvil —recuerda el doctor Hernán Ruiz Pulido.

No, el Presidente recuperó la calma en pocos segundos tras su acceso de ira. Parecía innecesario chequear su pulso y su presión arterial. Lo vieron incorporarse con ademán seguro, tomar el fusil Aka que se apoyaba en el sillón y colgárselo al hombro. Los hombres del GAP se alistaron para seguirlo. Y así, con el arma que en la empuñadura lucía una placa de bronce, con la leyenda *"A Salvador, de su compañero de armas, Fidel Castro"*, el Presidente de Chile salió de su despacho para revistar las tropas de su defensa.

Dieciocho detectives, armados sólo para repeler un atentado a balazos. Una veintena de hombres del GAP. Un periodista que todavía no lograba saber cómo se armaba una ametralladora. Algunos de sus ministros y colaboradores más cercanos. Una decena de médicos. Su "compañero de armas", Fidel Castro, habría dado por perdida la batalla con sólo observar el panorama. Para Salvador Allende, la batalla estaba por comenzar. Porque no iba a oponer balas contra balas, ni cañones contra cañones. Iba a resistir premunido de su coraje humano, de su dignidad, de su consecuencia. No había gatillado armas para llegar a ser Jefe de Estado. Y había llegado a ser, en el mundo, el primer Presidente socialista elegido democráticamente por su pueblo.

Cabeza erguida, hombros derechos y firmes, gesto sereno. Así lo encontró el edecán aéreo, bajando por la escalera de mármol, rodeado por su guardia personal.

—Comandante Sánchez... —dijo el Presidente a modo de saludo.

—Presidente, si a usted le parece, ¿podríamos hablar un momento? —inquirió el edecán que ocupaba también el cargo de Jefe de la Casa Militar en el palacio gubernamental.

—Luego, comandante, luego. Espere, por favor, en la sala de los edecanes —contestó Allende.

Los edecanes. Parecía tan fuera de lugar la presencia allí de los tres altos oficiales, con sus uniformes del Ejército, la Armada y la Fuerza Aérea respectivamente. Uniformes ornados de cordones y entorchados. Los edecanes: siempre de pie tras el Presidente, cubriéndole la espalda. Símbolo del respaldo de las Fuerzas Armadas al Poder Ejecutivo. Símbolo del sometimiento del poder militar al poder civil. ¿Qué hacían esa mañana los edecanes en el Palacio de La Moneda, mientras el primer bando militar se repetía una y otra vez por la radio?

Ni ellos lo sabían, salvo el comandante Sánchez que tenía que cumplir la misión encomendada por la Fuerza Aérea: convencer al Presidente para que partiera al exilio. Intercambiaron informaciones los tres edecanes, encerrados en la sala contigua al despacho presidencial. Sonó el citófono. El Presidente quería hablar con ellos. Sánchez, Badiola y Grez cruzaron los pocos metros con la sensación de tener los minutos contados. Quizás a alguno se le cruzó la idea de que podrían convertirse en rehenes en una negociación con riesgo mortal.

El Presidente, con gesto grave, les indicó sus asientos al tiempo que ocupaba el sillón a la derecha de su escritorio. Acomodó el fusil Aka a su lado. El comandante Sánchez observó movimientos tras las cortinas que cubrían las tres puertas de acceso. Entendió que podría tratarse de miembros de la guardia personal, quizás alarmados porque el Presidente estaría a solas con tres uniformados.

—Los escucho —dijo Allende, paseando su mirada por los tres edecanes.

—Presidente, debo transmitirle el mensaje de mi institución. La Fuerza Aérea dispuso un DC-6 para que usted ordene adónde ir. Obviamente el viaje incluye a su familia... y a la gente que usted quiera llevar —dijo el comandante Sánchez, calculando por su cuenta y riesgo que el avión podía llevar a medio centenar de personas y articulando frases que, para no humillar al Presidente, soslayaban palabras como "rendición" o "derrota".

—Presidente —intercedió el edecán naval, capitán de fragata Jorge Grez—, si usted examina la situación tendrá que estar de acuerdo en que es inútil combatir contra aviones, tanques y cañones. No tiene sentido, Presidente...

Allende le sostuvo la mirada, sin pestañear siquiera. Los segundos de silencio parecían eternos.

—Presidente —intervino el comandante Badiola, del Ejército—, creo que es importante que en esto...

"Esto" era un golpe militar. Las palabras no se pronunciaron.

—...en esto, usted considere que las Fuerzas Armadas están unidas. Es una acción conjunta. Y visto así, usted comprenderá que es inútil todo intento de oponer resistencia.

Badiola bajó la vista. No pudo resistir la mirada imperturbable del Presidente. Quizás vislumbró, entonces, que la resistencia de Salvador Allende no se cimentaría sobre armas.

—Hay otro dato que acabo de saber, Presidente. Se está hablando de bombardear La Moneda —agregó el comandante Sánchez.

Pese a lo brutal de los mensajes, los tres edecanes observaban una postura de amable subordinación a la autoridad presidencial. Le hablaban en tono respetuoso, no había ni un dejo de amenaza en sus voces. Estaban como en un limbo de neutralidad, como si el gesto amable y las palabras bien pronunciadas pudieran anestesiar la realidad y evitar la tragedia.

El Presidente los escuchó hasta el final, sin hacer ni un solo gesto. Y cuando estuvo claro que habían terminado de entregar los mensajes, habló. Y habló con la claridad de la que ellos carecían. La claridad de quien no está dispuesto a enmascarar la realidad ni a teñir de blanco lo que ya comenzaba a ensangrentarse.

—No, señores, no me voy a rendir. Así que digan a sus Comandantes en Jefe que no me iré de aquí, que no me voy a entregar. Esa es mi respuesta. No me van a sacar vivo de aquí, aunque bombardeen La Moneda. Y, miren, el último tiro me lo dispararé aquí —terminó diciendo al tiempo que tomaba el fusil y apuntaba al paladar en su boca abierta.

Los tres edecanes se lo quedaron mirando, con la sorpresa y el temor reflejados en sus rostros. Se tendió un silencio espeso, difícil de rasgar.

—Presidente, no, no puede ser —dice que intentó argumentar el comandante Sánchez.

La mano del Presidente se levantó, imponiendo silencio. Entonces se escuchó la voz del edecán militar diciendo: "¿Cuál es nuestro destino ahora, Presidente?"

De la muerte anunciada del Presidente al puesto de destinación siguiente de los edecanes. Eran dos extremos opuestos de un mismo escenario donde se medían las grandezas y bajezas de la conducta humana.

—Salgan de aquí, porque aquí no puedo garantizarles su seguridad, y vuelvan a sus instituciones. Es una orden —dijo el Presidente dando por terminada la reunión.

Estiró su mano para estrechar las de ellos. Un gesto de alivio se dibujó en los rostros de los uniformados. El comandante Sánchez dice que a él le dio un abrazo. Los acompañó hasta la antesala y dio órdenes para que la guardia los dejara salir del palacio.

Fue entonces cuando el Presidente debió decidir que ya era hora de despedirse. Cada minuto tornaba más insegura la posibilidad de que alguna radio leal pudiera transmitir su último mensaje a la ciudadanía. Quizás tomó lápiz y papel para bosquejar un discurso. No, no había tiempo. Todo indica que supo que no tendría dudas acerca de qué decir y cómo decirlo. Abrió la puerta hacia su salón privado y pidió un informe sobre las radios que aún estaban en el aire. Las radios *Corporación* y *Portales* han sido bombardeadas. Hasta radio *Magallanes* y radio *Sargento Candelaria* estaban ya sufriendo interferencias, le dijeron.

Se acomodó en su sillón y tomó el teléfono que lo conectaba con radio *Magallanes*. Ya pasaban de las 9.15 de la mañana. Carraspeó para aclarar la voz y comenzó a hablar, con la profunda serenidad que sólo podía darle la certeza de haber traspasado la barrera de la muerte, del temor a la muerte. Había amado la vida como el que más. Había venido a este mundo equipado con una profunda vocación por ser feliz y gozar del placer. Amaba la estética profunda que se daba en la pintura y en la música, en la buena mesa y en la buena ropa, en el perfecto cuadriculado de su tablero de ajedrez, en los ojos claros de la mujer amada, en la lealtad de su familia y sus amigos. Y porque sabía que estética y ética conforman un mismo gran valor, se había hecho socialista aspirando a construir un mundo sin la fealdad de la injusticia y la violencia.

Amaba la vida como el que más y ahora estaba al borde de sacrificarla. Y su sacrificio era a plena conciencia, en un acto libre que lo hacía más libre aún. ¿Un avión para irse al exilio? ¿Renunciar al cargo con la pistola en el pecho y con su renuncia ungir a un sucesor ilegítimo que barrería con libertades ciudadanas y derechos conquistados a lo largo de décadas? La oferta lo había ofendido profundamente. Aceptarla era traicionarse y traicionar al pueblo que había creído en su proyecto de socialismo democrático. Aceptarla era traspasarles un poder moral del que siempre carecerían.

Dos palabras debieron resonarle por dentro: dignidad y lealtad. Así quería ser recordado: como un hombre digno que supo ser leal. De su coraje dependía el sello estético-ético de este acto final de su vida. La decisión ya estaba tomada: o lo mataba una bala golpista o se mataba él mismo. Muerto sacarían al Presidente de La Moneda.

Ahí estaba, respirando tranquilo y articulando cada palabra con cuidado. Miles y miles de discursos había pronunciado en plazas y salas de su patria desde que, a los veintinueve años, se presentó como candidato a diputado. Ahora tenía sesenta y cinco años y éste era su último discurso.

"Amigos míos. Esta es la última oportunidad en que me pueda dirigir a ustedes. La Fuerza Aérea ha bombardeado las torres de radio *Portales* y radio *Corporación*. Mis palabras no tienen amargura, sino decepción, y serán ellas el castigo moral para los que han traicionado el juramento que hicieron... soldados de Chile, Comandantes en Jefe titulares, el almirante Merino que se ha autodesignado, más el señor Mendoza, general rastrero que sólo ayer manifestara su fidelidad y lealtad al gobierno, también se ha nominado Director General de Carabineros.

"Ante estos hechos, sólo me cabe decir a los trabajadores: ¡yo no voy a renunciar! Colocado en un tránsito histórico, pagaré con mi vida la lealtad del pueblo. Y les digo que tengo la certeza de que la semilla que entregáramos a la conciencia digna de miles y miles de chilenos, no podrá ser segada definitivamente.

"Tienen la fuerza. Podrán avasallarnos. Pero no se detienen los procesos sociales ni con el crimen... ni con la fuerza. La historia es nuestra y la hacen los pueblos.

"Trabajadores de mi patria, quiero agradecerles la lealtad que siempre tuvieron. La confianza que depositaron en un hombre que sólo fue intérprete de grandes anhelos de justicia. Que empeñó su palabra en que respetaría la Constitución y la ley, y así lo hizo. En este momento definitivo, el último en que yo pueda dirigirme a ustedes, quiero que aprovechen la lección. El capital foráneo, el imperialismo, unido a la reacción, creó el clima para que las Fuerzas Armadas rompieran su tradición, la que les enseñara Schneider y que reafirmara el comandante Araya, víctimas del mismo sector social que hoy estará en sus casas, esperando con mano ajena reconquistar el poder para seguir defendiendo sus granjerías y sus privilegios.

"Me dirijo, sobre todo, a la modesta mujer de nuestra tierra, a la campesina que creyó en nosotros, a la obrera que trabajó más, a la madre que supo de nuestra preocupación por los niños.

"Me dirijo a los profesionales de la patria, a los profesionales patriotas, a los que hace días estuvieron trabajando contra la sedición auspiciada por los Colegios profesionales, colegios de clase para defender también las ventajas que una sociedad capitalista da a unos pocos.

"Me dirijo a la juventud, a aquellos que cantaron, entregaron su alegría y su espíritu de lucha. Me dirijo al hombre de Chile, al obrero, al campesino, al intelectual, a aquellos que serán perseguidos... porque en nuestro país el fascismo ya estuvo hace muchas horas presente, en los atentados terroristas, volando los puentes, cortando la línea férrea, destruyendo los oleoductos y los gasoductos, frente al silencio de los que tenían la obligación de proceder: estaban comprometidos. La historia los juzgará.

"Seguramente radio Magallanes será acallada y el metal tranquilo de mi voz no llegará a ustedes. No importa. Lo seguirán oyendo. Siempre estaré junto a ustedes. Por lo menos, mi recuerdo será el de un hombre digno que fue leal a la lealtad de los trabajadores.

"El pueblo debe defenderse, pero no sacrificarse. El pueblo no debe dejarse arrasar, ni acribillar; pero tampoco puede humillarse.

"Trabajadores de mi patria: tengo fe en Chile y su destino. Superarán otros hombres este momento gris y amargo, donde la traición pretende imponerse. Sigan ustedes sabiendo que, mucho más temprano que tarde, de nuevo abrirán las grandes alamedas por donde pase el hombre libre, para construir una sociedad mejor.

"¡Viva Chile! ¡Viva el pueblo! ¡Vivan los trabajadores! Estas son mis últimas palabras y tengo la certeza de que mi sacrificio no será en vano. Tengo la certeza de que, por lo menos, será una lección moral que castigará la felonía, la cobardía y la traición".

Un sobrecogedor silencio quedó flotando en el aire cuando el Presidente dio por finalizado su discurso. El último discurso.

—Era como si hubiera estado preparado para vivir ese momento. Estaba más entero que nadie, manejaba completamente la situación. Seguía siendo el Presidente de la República —aseguró después el inspector Seoane.[5]

—Yo estaba sentado frente a él. Y mientras lo escuchaba, sentí que se me apretaba la garganta y pensaba "qué grande es, qué gran hombre es". Sentí una admiración tan grande que tuve ganas de llorar. El Presidente se despedía, con una entereza y con una consecuencia impresionantes. Ante nuestros ojos se transformaba en héroe. Cuando terminó de hablar, nos levantamos todos y se hizo un silencio espeso y largo. Salimos de su despacho todos con él —recuerda el doctor Arturo Jirón.

Notas:

[1] "Así murió Allende", M. González-P. Verdugo-M.O. Monckeberg, revista *Análisis* (junio 1987).

[2] *Allende y la experiencia chilena*, Joan E. Garcés, Ediciones Bat.

[3] "Recuerdos del 11 de septiembre de 1973", Isabel Allende Bussi, diario *El País* (septiembre 1993).

[4] "Así murió Allende", obra citada.

[5] Ib. ídem.

Capítulo cuatro
La conexión que debió ser secreta

En el Comando Militar de Peñalolén, el general Augusto Pinochet tuvo el Puesto Uno. En la Academia de Guerra de la Fuerza Aérea, el general Gustavo Leigh ocupó el Puesto Dos. El punto de enlace fue el Puesto Tres, ubicado en la Escuela Militar. El Puesto Cinco se instaló en el Ministerio de Defensa, a cargo del vicealmirante Patricio Carvajal. Allí mismo estaba el general Nicanor Díaz Estrada (Fuerza Aérea). No aparece en la grabación el Puesto Cuatro. Claramente, a juzgar por las conversaciones, Carabineros no estaba en el mismo nivel de contacto ni de mando que el resto de los conjurados.

En el Puesto Tres, Escuela Militar, voces jóvenes son las que realizan los "copiados" de enlace. Todo indica que no tenían experiencia en el manejo radial para una emergencia como la de ese día. De hecho, esas voces hacen varios comentarios que, como puede deducirse, no estaban destinados a una audiencia situada más allá de la sala en la Escuela Militar. Al iniciarse la grabación, se oye uno de esos comentarios:

Puesto Cinco (Ministerio de Defensa): Atención, Puesto Uno, Puesto Uno, de Puesto Cinco. Adelante, cambio.

Puesto Tres (Escuela Militar): Puta, el Uno... huevón histérico con el QRT... claro... están hablando los generales (otros silban).

Puesto Uno: ... cambio.

Puesto Cinco: Patricio necesita hablar con Augusto, adelante cambio.

Puesto Uno: Conforme.

General Pinochet: Augusto, Augusto escuchando, Augusto escuchando...

Vicealmirante Carvajal: Creo que lo del suicidio era falso. Acabo de hablar con el edecán naval, comandante Grez, quien me dice que ellos, los tres edecanes, se van a retirar de La Moneda y se vienen hacia el Ministerio de Defensa. Le encargué que instara al jefe de Carabineros que rindiera sus tropas porque iban a ser bombardeados. Así que los carabineros deben salir de La

Moneda en este momento. El general Brady está informado para que no se le dispare a los militares que evacuen La Moneda. Cambio.

General Pinochet: Conforme, conforme. En este momento me llamó Domínguez, subsecretario de Marina, y me decía que fueran los tres Comandantes en Jefe a pedir rendición al Presidente. ¡Vos *sabís* que este gallo es chueco! En consecuencia, ya *sabís* la cosa, si él quiere va al Ministerio de Defensa a entregarse a los tres Comandantes en Jefe.

Vicealmirante Carvajal: Yo hablé personalmente con él. Le intimé rendición en nombre de los Comandantes en Jefe. Eh... contestó con una serie de garabatos no más.

General Pinochet: O sea, quiere decir que a las once, cuando lleguen los primeros pericos, *vai* a ver lo que va a pasar. ¡A las once en punto se bombardea!

Vicealmirante Carvajal: (cuando) se evacue La Moneda va a ser más fácil asaltarla.

General Pinochet: Una vez bombardeada la asaltamos con el (Regimiento) Buin y con la Escuela de Infantería. Hay que decirle a Brady.

Vicealmirante Carvajal: Conforme. Vamos a esperar no más que evacuen los edecanes y los carabineros.

General Pinochet: Conforme.

Vicealmirante Carvajal: Bien, afuera.

**

La inconfundible voz del general Augusto Pinochet se escucha con toda claridad en los parlantes de la radio que ha logrado interferir la comunicación de los uniformados. Habla con el vicealmirante Patricio Carvajal, jefe del Estado Mayor de la Defensa, ubicado en el Puesto Cinco, Ministerio de Defensa. La comunicación se inicia con la referencia al suicidio del Presidente. Todo indica que alguno de los edecanes avisó al Ministerio de Defensa de la decisión presidencial y se creyó que lo había hecho tras el discurso solemne de despedida.

La decisión de bombardear La Moneda ya está tomada. A las once en punto. Los que están en el palacio ya fueron notificados. Cada uno debió iniciar procesos de reflexión respecto de qué hacer. La vida misma estaba en juego. El dirigente socialista Hernán del Canto decidió que ya era hora de completar su misión. Su partido lo había enviado para pactar personalmente con el Presidente las acciones a seguir. Ya llevaba demasiado rato en el Palacio, la situación se tornaba cada vez más peligrosa y él se había quedado semiparalizado. ¿Cómo es que el Presidente no quiere recibir, en audiencia privada, al enviado del Partido Socialista? Decide acercarse y hablarle. No ve otro camino.

—Presidente, vengo de parte de la dirección del partido a preguntarle qué hacemos, dónde quiere que estemos...

El Presidente lo escucha, delatando en el gesto su profunda molestia.

—No lo entiendo —respondió cortante.

Del Canto balbucea nuevamente el mensaje, muy incómodo, mientras el Presidente mantiene la barbilla en alto y la mirada inconmovible.

—Yo sé cuál es mi lugar y lo que tengo que hacer. Nunca antes me han pedido mi opinión, ¿por qué me la piden ahora? Ustedes, que tanto han alardeado, deben saber lo que tienen que hacer. Yo he sabido, desde un comienzo, cuál era mi deber —dijo Allende alzando la voz, para ser escuchado por sobre el ruido de los aviones que sobrevolaban el centro de Santiago.[1]

Del Canto no supo qué argumentar. Las circunstancias y el tono del Presidente no daban lugar más que al silencio espeso que puso punto final al brevísimo encuentro.

***

General Pinochet: O sea que carabineros que están en contacto son los leales.

Vicealmirante Carvajal: Los carabineros que rodean son leales ...

General Pinochet: ...¿¡a nosotros!?

Vicealmirante Carvajal: ...se retiraron, pero todavía no sabemos adónde y si acaso se han entregado a Mendoza o si acaso huyeron no más.

General Pinochet: O sea, ¿está sola La Moneda ya? Está sola La Moneda, o sea, no hay carabineros... ¿ o todavía quedan adentro?

Vicealmirante Carvajal: (se interrumpe la comunicación)... tropas del Ejército ahora. Voy a verificar bien qué fuerza hay, tanto de Carabineros como de las Fuerzas Armadas, alrededor de La Moneda, y te informo.

General Pinochet: Conforme, porque cuando se efectúe el bombardeo no puede haber nadie.

Vicealmirante Carvajal: Correcto. Yo voy a dar el visto bueno, entonces, antes de que se efectúe el bombardeo.

General Pinochet: Yo tengo la impresión de que el señor SE (se refiere al Presidente Allende como SE, Su Excelencia) se arrancó en las tanquetas.

Puesto Dos (Fuerza Aérea): Cinco, cinco, de dos. Cambio.

General Pinochet: ...las tanquetas hay que ubicarlas. Y Mendoza, pregúntale, ¿no tienes contacto con él?

Vicealmirante Carvajal: No, pero en las tanquetas no, no huyó. Las tanquetas se habían ido antes y yo, posteriormente, en persona, hablé por teléfono con él.

General Pinochet: Conforme, conforme, Entonces hay que impedir la salida. Y si sale, hay que tomarlo preso.

Vicealmirante Carvajal: Y también hablé posteriormente con el Edecán Naval, quien me confirmó que Allende está en La Moneda.

General Pinochet: Entonces hay que estar listo para actuar sobre él. *Más vale matar la perra y se acaba la leva*, viejo.

Vicealmirante Carvajal: Exacto. Lo único que estamos esperando es que salgan los edecanes y los carabineros.

***

¿A quién era leal la fuerza policial que rodeaba el palacio? La duda del general Pinochet era la misma que habían tenido en La Moneda. Junto al Presidente estaba el General Director de Carabineros, quien también tenía el cargo de Ministro de Tierras y Colonización. Ahí estaba también el general Urrutia, segundo en la línea de mando. ¿Quién había participado, entonces, en el complot golpista? Todo indica que fue el general Arturo

Yovane quien primero se sumó a las reuniones clandestinas. Y su accionar alertó al equipo de inteligencia política del gobierno. Hay testigos que aseguran haber escuchado al presidente Allende referirse a él como "el general sedicioso" en las semanas previas al golpe.

¿Cómo es que Yovane seguía en las filas de Carabineros para el 11 de septiembre? Lo salvó el propio presidente Allende, con su decisión de respetar el modo tradicional de operar al interior de los cuerpos armados. Cuando le dijo al general director que los informes calificaban a Arturo Yovane como un "elemento peligroso", José María Sepúlveda respondió que se trataba de un error, que él mismo respondía por el profesionalismo de Yovane. Era el 22 de agosto de 1973. Sepúlveda –por cautela– puso a Yovane en un cargo sin mando de tropa, como Jefe del Departamento de Servicios. Desde allí siguió complotando Yovane.

Cuando la hora final se fue acercando, Yovane sumó a los generales Mendoza y Gallardo al complot. Necesitaba de generales más antiguos para asegurar el éxito, que Carabineros no se dividiera y se plegara como un todo al golpe. Luego, el 4 de septiembre, una semana antes, se le comunicó que debía pasar a retiro. ¿Qué había sucedido? Los informes de inteligencia política reiteraban el dato: los generales Yovane y Mendoza caminaban en el límite de zonas turbias. El Presidente, ese día, pidió el director subrogante –general Urrutia– que los pasara a ambos a retiro. Pero Urrutia, quien asumió el mando cuando Sepúlveda pasó a ser Ministro de Tierras, defendió al general Mendoza. No, había un error, no podía juzgarse así como así a Mendoza y cortarle la carrera. Aceptó, en cambio, el retiro de Yovane para el mes siguiente.

Así se llegó a la víspera del golpe, con la firma del general Mendoza como parte de la jefatura máxima de la conspiración. En la tarde del 10 de septiembre, Yovane arregló con dos tenientes coroneles los detalles de la operación. Se partió del supuesto de que el general Sepúlveda estaría de parte del gobierno —era Ministro de Estado— y la clave, entonces, era secuestrar al general Urrutia. Como éste alojaba en el edificio *Norambuena*, de la institución, porque su familia vivía en Concepción, se ordenó dejarlo "retenido" en su habitación a la mañana siguiente. Pero Urrutia salió de la pieza muy temprano, alertado por el aviso telefónico del prefecto de Valparaíso: la Marina se había sublevado.

Fue así como los generales Sepúlveda y Urrutia llegaron hasta el Palacio de La Moneda ese día, provocando la confusión acerca de la "lealtad de Carabineros". Cuando el presidente Allende observó, desde una ventana del segundo piso, el retiro de los carabineros y las tanquetas policiales, ordenó que se presentara el general Sepúlveda:

—General, ¿por qué se retiran las tropas de Carabineros, los tanques y los buses?

Sepúlveda, muy nervioso, se acerca al ventanal, observa unos segundos y balbucea:

—No sé qué pasa, Presidente. Voy a informarme.

Cuando regresa, pocos minutos después, su palidez se ha acentuado:

—Presidente, me informan que se han tomado la Central de Comunicaciones. Y las unidades reciben desde ahí las órdenes por radio. La verdad... la verdad es que el alto mando está aislado.

No sabe qué hacer el Director General. El Presidente reacciona:

—¡Pues mande hombres para que recuperen la Central de Comunicaciones! ...

—No puedo, Presidente, no tengo hombres suficientes.

—¿Con qué fuerzas cuenta?

—Sólo con los que están en la Dirección General...

—¿Cuántos?

—Cincuenta, más los oficiales.

—Hágalos venir aquí, ¡de inmediato!

La orden del Presidente no pudo cumplirse. Y mientras La Moneda iba quedando sitiada, los altos jefes uniformados trataban de comunicarse.

***

—**Puesto Dos (Fach):** Puesto tres, de Puesto Dos. Dos mensajes para el general Pinochet del general Leigh. Habla general Martínez. Primero, estudiar posibilidad allanar estudios radio Magallanes. Continúa transmitiendo. Cambio para un entendido del primer mensaje.

—**Puesto Tres (Escuela Militar-enlace):** Ya, ya.. QSL, mi General. Mi general Leigh para mi general

Pinochet: estudiar posibilidad de allanamiento a radio Magallanes pues aún está transmitiendo. Déme roger si está correcto...

–General Pinochet (Puesto Uno): Conforme, escuchado, escuchado. Voy a dar la orden.

–Puesto Tres: Ya, perfecto. ¿Me copió Puesto Uno? ... Puesto Uno, ¿me copió a Puesto Tres?

–Puesto Uno: Puesto Uno. Mi general Pinochet recibió una comunicación del general Leigh.

–Puesto Tres: Ya, perfecto. Hay otra comunicación más. Así que voy a pedirle *altiro* a Puesto Dos que me la retransmita. Adelante, Puesto Dos, para la segunda comunicación. La primera ya la recibió mi general Pinochet. Adelante, cambio...

–Puesto Dos: Segunda comunicación de Puesto Dos a Puesto Tres. Existe necesidad urgente emitir proclama junta de comandantes en jefe. Eh... déme su entendido para continuar.

–Puesto Tres: (Voz de ayudante que lee apuntes al lado del oficial a cargo de la transmisión:... "existe necesidad urgente de emitir proclama Comandantes en Jefe"...) Puesto Dos, aquí Puesto Tres. Necesidad emitir proclama Comandante en Jefe. Es urgente. Déme roger si está correcto...

—**Puesto Dos:** Comprendido y correcto. Junta de Comandantes en Jefe...

—**Puesto Tres:** ¡Ah! (inentendible)

—**Puesto Dos (Fach):** ... debe decir, dos puntos. En su esencia, reiterar unidad absoluta Fuerzas Armadas y Carabineros. Déme su comprendido...

—**Puesto Tres (Escuela Militar):** Ya, perfecto. Reiterar unidad absoluta Fuerzas Armadas y Carabineros. Esa es la referencia. Déme roger.

—**Puesto Dos (Fach):** Continúa. Estas (inentendible) ... a fin derrocar gobierno marxista. Déme su comprendido.

—**Puesto Tres (Escuela Militar):** Estas lucharán hasta las últimas consecuencias con el fin de derrocar el gobierno marxista. Déme roger...

—**Puesto Dos (Fach):** Conforme, entendido. Continúo. Esto no es contra el pueblo. Es en defensa del pueblo democrático de Chile. Déme su comprendido para continuar...

—**Puesto Tres (Escuela Militar):** Perfecto. Esto no es contra el pueblo. Es para defender al pueblo democrático. Déme roger...

—**Puesto Dos (Fach):** Conforme. Continúa. La mayoría de los obreros y la población civil dan su respaldo total a este movimiento....

—**Puesto Tres (Escuela Militar):** ...QRX... la mayoría (no entiende el mensaje anotado por el ayudante, éste acota "la mayoría de obreros y civiles dan respaldo a este movimiento") La ... los obreros civiles, la gran mayoría dan respaldo a este movimiento. Déme roger Puesto Dos.

—**Puesto Dos (Fach):** Ya, repito. Mayoría obreros y población civil dan respaldo a este movimiento de las Fuerzas Armadas...

—**Puesto Tres (Escuela Militar):** Ya...la mayoría...

—**Puesto Dos (Fach):** (déme su)...comprendido.

—**Puesto Tres (Escuela Militar):** Mayoría de obreros y población civil dan respaldo a este movimiento militar. Déme roger.

—**Puesto Dos (Fach):** Conforme. Continúo. Exhortar a mantenerse a toda la población civil en sus casas o lugares de trabajo. No salir a la calle. Déme su comprendido y con esto concluiría...

—**Puesto Tres (Escuela Militar):** QRX...

—**Voces en el Puesto Tres de la Escuela Militar:** ¿Qué cosa?...que la población se mantenga... en sus casas y lugares de trabajo... instar.

—**Puesto Tres:** Instar a la población que se mantenga en sus casas y sus lugares de trabajo. Déme roger...

—**Puesto Dos (Fach):** Conforme. Instar a mantenerse a la población en sus casas o lugares de trabajo. Que no salgan a la calle. Terminado. Déme su conformidad.

—**Puesto Tres (Escuela Militar):** Ya, perfecto... Eh... (ayudante le repite la palabra "instar") que no salgan a la calle. Está copiado perfectamente. Yo lo paso a Puesto Uno. ¿Quién lo firma esto? ¿Mi general Leigh?

—**Puesto Dos (Fach):** General Leigh.

—**Puesto Tres (Escuela Militar):** Perfecto...

—**Puesto Dos (Fach):** Terminado.

—**Puesto Tres (Escuela Militar):** Terminado... Vamos a ver. Puesto Uno, ¿copió a Puesto Tres?

—**Puesto Uno (Peñalolén-Ejército):** Puesto Tres, por favor repita. Repita la transmisión del general Leigh. Le escuchamos...

—**Puesto Tres (Escuela Militar):** Ya, perfecto. Mi general Leigh manifiesta lo siguiente. Necesidad de emitir proclama Junta Comandantes en Jefe. Déme roger hasta ahí...

—**General Pinochet (interrumpe desde Puesto Uno):** Y Director de Carabineros... ¿Entendido, entendido?...

—**Puesto Tres (Escuela Militar):** Ya, perfecto.

—**General Pinochet:** Otra cosa...

—**Puesto Tres (Escuela Militar):** Sí, dígame...

—**General Pinochet:**... en la proclama lo siguiente. Y recalcar: que las Fuerzas Armadas no están contra el pueblo, sino que están contra la hambruna que estaba sembrando el gobierno marxista del señor Allende... contra las colas que rodean... que rodean a todas las calles de Santiago...

—**Puesto Tres (Escuela Militar):** ¿Ese es Pinochet?

—**General Pinochet (Puesto Uno):** ... contra el hambre, contra la pobreza, contra la miseria, contra el sectarismo a que nos estaba llevando el señor Allende, mientras él se satisfacía con fiestas y parrandas en la casa...

–Puesto Tres (Escuela Militar): Ya... Vamos a ver Puesto Uno, ¿copia a Puesto Tres?

***

La voz de los oficiales denota el impacto de haber escuchado la primera alocución política del Comandante en Jefe del Ejército.

En el tono del general Pinochet queda clara su decisión de asumir la jefatura máxima. Los "socios" en el complot comienzan a darse por notificados. "Habrá que aclarar este asunto apenas podamos. ¿No habíamos quedado en que la Junta Militar asumía el gobierno? ¿No habíamos acordado turnarnos la jefatura máxima? Habrá que poner los puntos sobre las íes apenas salgamos de esto", fueron algunas de las preguntas que comenzó a hacerse el general Gustavo Leigh, comandante en jefe de la Fuerza Aérea.

***

–Puesto Tres (Escuela Militar): Puesto Uno, ¿copia a Puesto Tres?

–Puesto Uno (Peñalolén-Ejército): Puesto Tres de Puesto Uno. Indíqueme si copió...

–Puesto Tres (Escuela Militar): ¿Si lo copié? ... Yo le estoy pasando el mensaje que mandó mi general Leigh. Dígame si está correcto. La necesidad de emitir proclama Comandantes en Jefe... Junta de Comandantes en Jefe y Director de Carabineros. Déme roger...

—Puesto Uno (Peñalolén-Ejército): El general Pinochet está de acuerdo. La proclama debe ser ... indicar que se ha firmado por los tres Comandantes en Jefe de las Fuerzas Armadas, más el Director General de Carabineros. Cambio.

—Puesto Tres (Escuela Militar): Ya, perfecto. Es que aquí hay un problema. Mi general Leigh manifiesta que mi general Pinochet haga esto y él me da las referencias de los puntos que yo le voy a indicar a posterior. Déme roger...

—Puesto Uno (Peñalolén-Ejército): Dígale que con... que el general Pinochet indica conforme... Además, indíquele al general Leigh de parte del general Pinochet que está conforme con los puntos, pero que se debe agregar —para que haga la proposición completa, como referencia siete— que se está luchando contra las colas, el hambre, la miseria, el sectarismo, la... y los extranjeros que estaban asesinando a nuestra gente. Cambio.

—Puesto Tres (Escuela Militar): Ya, perfecto, perfecto... Vamos a ver Puesto Dos, aquí Puesto Tres... Puesto Dos, Puesto Tres le llama.

—Puesto Dos (Fach): Puesto Tres, Puesto Tres, Puesto Dos. Adelante.

—**Puesto Tres (Escuela Militar):** ¿Está mi general Leigh ahí?

—**Puesto Dos (Fach):** Afirmativo.

—**Puesto Tres (Escuela Militar-enlace):** Mire, si usted lo puede ubicar, dígale que el general Pinochet recibió conforme, recibió conforme, el mensaje, el segundo mensaje que usted me transmitió. Pero que hay que agregar, que hay que agregar un punto siete... que se lucha... que este movimiento militar lucha contra las colas, la hambruna, la miseria, el sectarismo... (ayudante le va dictando)... y extranjeros que intervienen aquí en nuestro territorio. Déme roger.

—**Puesto Dos (Fach):** Conforme. Favor aclarar si esta es una consulta o lo. ... o lo ha dispuesto así el señor general Pinochet. Cambio.

—**Puesto Tres (Escuela Militar-enlace):** Momentito. Vamos a ver Puesto Uno, aquí Puesto Tres... Puesto Uno.

—**Puesto Uno (Peñalolén-Ejército):** Puesto Tres adelante.

—**Puesto Tres (Escuela Militar-enlace):** Esto... ¿es una sugerencia de mi general Pinochet o hay que agregarlo definitivamente? Déme roger.

—**Puesto Uno (Peñalolén-Ejército)**: Más bien la idea de él (es) que se agregue a esta proclama que está en elaboración. Cambio.

—**Puesto Tres (Escuela Militar-enlace)**: Ya, perfecto. Vamos a ver, Puesto Dos. Eh... mi general manifiesta que es una idea que le agregue a la proclamación que se va a dar. Déme roger. Cambio Puesto Dos.

—**Puesto Dos (Fach)**: Conforme. Insiste que es una consulta, entonces. Cambio.

—**Puesto Tres (Escuela Militar-enlace)**: Ya, perfecto. QSL. ¿Puesto Uno? Puesto Uno, Puesto Tres.

(En el puesto de radio de la Escuela Militar, se escucha una emisión radial y un oficial comenta que es una proclama del Gobierno)

—**Puesto Tres (Escuela Militar-enlace)**: Puesto Uno, Puesto Tres. (Ayudante le corrige: "Puesto Cinco llama"). Puesto Cinco, Puesto Tres. Puesto Cinco, Puesto Tres.

—**Puesto Cinco (Ministerio de Defensa)**: Atención, Puesto Cinco a Puesto Tres. Adelante, cambio.

—**Puesto Tres (Escuela Militar-enlace)**: Hay una *brodcarting* (broadcasting) al lado de la radio Agricultura... (ayudante le indica que "mira, un poco más arriba")... pirata, un poco más arriba, dando proclamas a la gente de la Unidad Popular. Déme roger.

–Puesto Cinco: Puesto Cinco a Puesto Tres. Repita.

–Puesto Tres (Escuela Militar-enlace): Hay una radio pirata, hay una radio pirata, un poco más arriba de la radio Agricultura, exhortando a la población de la Unidad Popular a defender al gobierno y salir a las calles. Déme roger...

–Puesto Cinco: Conforme, comprendido.

–Puesto Tres (Escuela Militar-enlace): Así que sintonizarla...

***

En el puesto de enlace, un militar se limpia la nariz sonoramente. Se escucha un himno en la radio "pirata". Los uniformados cruzan algunas palabras, mientras el Puesto Dos comienza a llamar desde la Academia de Guerra de la Fuerza Aérea. La conducta *amateur* del Puesto Tres podría explicarse porque cadetes u oficiales muy jóvenes de la Escuela Militar se hayan hecho cargo del puesto de enlace montado a última hora. Es una posibilidad. En todo caso, es notorio el contraste con el profesionalismo de la Fach en las transmisiones radiales.

Por otra parte, en el diálogo que protagonizan —usando intermediarios— los Comandantes en Jefe del Ejército y de la Fuerza Aérea, ya se observan los primeros atisbos de la lucha por el poder. Una lucha que se iba a prolongar por casi cinco años y que finalmente se aclaró en favor del más fuerte —el general Pinochet— en julio de 1978.

***

—**Puesto Dos (Fach):** Tres de Dos... Tres, Tres de Dos.

—**Puesto Tres:** Adelante Dos, aquí Tres.

—**Puesto Dos (Fach):** Conforme, Gustavo da plena aprobación punto siete general Pinochet proclama. Cambio.

—**Puesto Tres (Escuela Militar-enlace):** Ya, perfecto... Vamos a ver Puesto Uno, aquí Puesto Tres.

***

Vuelve a reinar la confusión en el puesto de enlace. ¿Quién está dónde? Una voz sugiere que debió llamar a Puesto Dos. Se preguntan si tienen claro los puestos. "No, huevón, a ver si me los *dai* en clave", dice un militar.

***

—**Puesto Tres (Escuela Militar-enlace):** Puesto Uno, Puesto Tres.

—**Puesto Uno (Peñalolén-Ejército):** Aquí Puesto Uno, cambio.

—**Puesto Tres (Escuela Militar-enlace):** Dígale a mi general Pinochet, dígale a mi general Pinochet, que mi general Leigh aprobó su idea y lo va a agregar a la proclama. Déme roger.

—**Puesto Uno (Peñalolén-Ejército):** Conforme, conforme.

—**Puesto Tres (Escuela Militar-enlace):** Tres aquí... Puesto Dos, aquí Puesto Tres.

—**Puesto Dos (Fach):** Conforme Puesto Tres, aquí Dos.

—**Puesto Tres (Escuela Militar-enlace):** Está conforme, recibido conforme Puesto Uno. Y le van a comunicar inmediatamente a mi general Pinochet. Déme roger.

—**Puesto Dos (Fach):** Conforme Tres. De parte de Gustavo, informarle a Augusto que diez para las once quiere un comunicado con él. Cambio.

–Puesto Tres (Escuela Militar-enlace): Ya, perfecto. Diez para las once mi general Leigh quiere un comunicado con mi general Pinochet. Déme roger ...Puesto Dos, déme roger.

–Puesto Dos (Fach): ¡Roger!, de Dos.

–Puesto Tres (Escuela Militar-enlace): Ya, perfecto. Adelante... Vamos a ver Puesto Uno, aquí Puesto Tres....Puesto Uno, aquí Puesto Tres le llama... Puesto Uno, aquí Puesto Tres le llama... Puesto Uno, aquí Puesto Tres le llama...(sigue repitiendo)

***

Mientras un bando militar exigía rendición inmediata, anunciando el bombardeo de La Moneda a las once de la mañana, el general Javier Palacios venía avanzando desde el sur con los tanques del Blindados N° 2, los mismos de la fracasada asonada del 29 de junio.

El cerco de cañones apunta hacia La Moneda, en tanto los aviones amenazan con vuelos rasantes. En el teléfono, el Presidente escucha. El asesor Joan Garcés no sabe con quién habla. Cuando cuelga, lo oye decir: "En dos minutos más seremos atacados". Toma su fusil, se pone el casco y sale del despacho rápidamente, dando órdenes para organizar la defensa del palacio. Resonaron entonces los primeros disparos...

***

—**Puesto Uno (Peñalolén-Ejército):** Adelante.

—**General Pinochet:** Augusto para Patricio, adelante y cambio... Patricio, Patricio, se trata de lo siguiente. Dime, ¿este caballero no ha reaccionado con todo lo que se le ha hecho?

—**Vicealmirante Carvajal:** No, no ha reaccionado hasta el momento. Acabo de hablar con el Edecán Naval que viene llegando de allá. Me dice que está defendida La Moneda por cincuenta hombres del GAP. Los aproximadamente cuarenta o cincuenta carabineros se están retirando. Me dice el general Mendoza que él está procurando que se retiren antes de seguir bombardeando. El Edecán Naval me dijo que el Presidente anda con un fusil ametralladora, que tenía treinta tiros y que el último tiro se lo iba a disparar en la cabeza. Ese es el ánimo en que estaba hasta hace unos minutos atrás.

—**General Pinochet:** Esas son no-balas (¿?) no más... Este huevón no se dispara ni una pastilla de goma.

—**Vicealmirante Carvajal:** Conforme, ¡je, je, je ! (se ríe)... El general Mendoza está en contacto con nosotros y está en contacto con el general Brady. Así que toda la cosa está bien coordinada ahí.

—**General Pinochet:** Conforme. Yo, diez para las once, voy a dar la orden de bombardeo. En consecuencia, a esa hora las unidades tienen que replegarse más o menos dos cuadras (alrededor) de La Moneda. Enseguida, una vez que se replieguen va a iniciarse...a las once en punto se inicia el bombardeo. O sea hay que meterse, prácticamente, en zanjones, donde sea, porque se puede pasar la Aviación y tocarle a las tropas nuestras.

—Vicealmirante Carvajal: Exacto. Yo creo conveniente decirle al general Leigh, entonces, de que en ningún caso inicie el bombardeo sin esperar saber cómo está la situación acá.

—General Pinochet: Tiene que... la tropa nuestra ponerse un pañuelo blanco arriba para mostrar la línea más adelantada que tiene. Repito. A la tropa hay que recordarle que para mostrar la línea más adelantada tiene que ponerse un pañuelo blanco en la espalda para que los aviadores lo vean. Es un detalle que hay que recordar.

—Vicealmirante Carvajal: Le voy a comunicar eso al general Brady.

***

En La Moneda, el Presidente ha decidido que sólo permanezcan los que quieran quedarse. Llama a los generales Sepulveda y Urrutia. Deja en libertad de acción a la guardia presidencial de Carabineros. No, a esta altura de los acontecimientos no tiene sentido contar con defensores a sueldo. Que se queden, arriesgando la vida, sólo los que crean que así cumplen con su deber. Aquí ya no importan las jerarquías y las órdenes. Aquí está en juego la conciencia. Los carabineros deciden abandonar el palacio. Sólo el general José María Sepúlveda se resistirá, casi hasta el final, a abandonar al Presidente.

¿Y la casi veintena de detectives que estaban en el Palacio? El Presidente hizo llamar al inspector Juan Seoane para liberarlo de toda responsabilidad.

—Estaba en el Salón Toesca, sentado sobre una mesa grande. Me dijo que yo y mi gente estábamos liberados y que podíamos retirarnos. Insistió en que debía informar a mis hombres que estaban liberados. Cuando le dije que yo me quedaría, respondió algo así como que sabía que esa sería mi decisión. No fue nada grandilocuente —recuerda Seoane.[2]

El jefe de la sección Presidencia de la República de Investigaciones bajó a reunirse con sus hombres. Sólo quedaban dieciséis en total. Uno había desertado. "Transmití el mensaje a toda la dotación y todos decidieron quedarse. Todo fue muy simple, sin grandes palabras ni melodramas. Estábamos cumpliendo con nuestro deber", agrega Seoane.

—Me quedé porque era mi obligación. Juré defender la ley hasta dar la vida si era necesario. ¿Con qué cara me habría presentado frente a mis hijos si no lo hacía? —aseguró luego el detective David Garrido.

—No, no éramos héroes. Tampoco queríamos inmolarnos por un ideal político. Eramos servidores públicos con mucho miedo, pero con la claridad suficiente para entender que, si abandonábamos nuestros puestos, éramos un fraude como policías —dijo Juan Seoane.

Sí, actuaron como héroes en un momento clave. Vieron salir a los carabineros y supieron que se quedaban solos en la defensa del Palacio. Aun sumados a los hombres del GAP, eran muy pocos y con armamento menor frente al asedio. La lógica de los detectives no recorrió el camino de salvar el pellejo a cualquier precio. Por alguna razón, estos policías de ropas civiles tenían conciencia. Y unos pensaron en la historia que contarían a sus hijos, si sobrevivían. Otros recordaron su juramento de defender la ley y al gobierno legalmente constituido. Dieciséis nombres que la historia debe recordar: Juan Seoane Miranda, Orlando del Pino Abarca, Carlos Espinoza Pérez, Quintín Romero Morán, David Garrido Gajardo, Eduardo Ellis Belmar, Pedro Valverde Quiñones, Erasmo Torrealba Aliaga, Douglas Gallegos Todd, Carlos San Martín Zúñiga, José Sotomayor Álamos, Juan Romero Morán, Luis Henríquez Seguel, Reinaldo Hernández Tarifeño, Héctor Acosta Rey y Gustavo Basaure Barrera.

Y mientras los detectives de La Moneda daban prueba de su entereza, en el cuartel central de Investigaciones ocurría lo contrario. Joan Garcés asegura que aquí fue donde el presidente Allende perdió la serenidad por unos instantes y se dejó atrapar por la ira. Se recibió en La Moneda el llamado de Alfredo Joignant, director de Investigaciones.

—Presidente, ya no hay nada que se pueda hacer. Entregué el mando de Investigaciones al prefecto Carrasco y...

—¡¿Qué?! ¿Que hizo qué? —interrumpió el Presidente.

Los improperios subieron de tono, mientras los médicos observaban al Presidente, temiendo un síncope. Un hombre de su confianza, a cargo del único cuerpo armado que no se había sumado al golpe, abandonaba su "puesto de combate" y dejaba a sus hombres con un solo camino por delante: plegarse a la rebelión contra el gobierno.

Ese fue un momento inolvidable para los detectives que estaban en La Moneda: "Por un citófono me llamaron desde el Cuartel General de Investigaciones. Era el ayudante del director, Carlos Bravo, para saber cómo se encontraba el Presidente. Me dijo que el director y el subdirector habían abandonado sus puestos y que quien hacía de cabeza era el prefecto inspector René Carrasco. Le pedí que le informara de nuestra situación y me llamara de vuelta", recuerda Seoane.

Pocos minutos después, llegó el llamado del mismo prefecto Carrasco:

—Todo está perdido para ustedes. No hay vuelta. Recibí una instrucción del Ministerio de Defensa, así que dígale al Presidente que la situación la dominan los militares. Mire, dígale que hay que evitar un derramamiento de sangre inútil, que lo mejor que puede hacer es retirarse. Dígale que yo hablo con ellos y consigo una tregua –dijo Carrasco a Seoane.

En ese momento, la balacera era intensa. Balas de todos los calibres, disparadas por cañones y ametralladoras, destruían ventanales, muebles, cuadros, lámparas, paredes. Era un infierno de astillas, de humo, de estallidos.

Guarecerse en oficinas y patios interiores fue la orden. Las gruesas paredes del edificio gubernamental aseguraban allí refugio. Por el momento.

***

–**General Pinochet (Peñalolén)**: Augusto habla a Patricio, Augusto habla a Patricio. Lo siguiente: me acaban de informar que piensa atacar con brigadas socialistas el Ministerio de Defensa el señor Presidente. Hay que estar listo para atacar. Ya di las comunicaciones. Ahora hay que alertar a la gente y tener a todo el mundo con las armas automáticas en las ventanas y, enseguida, atacar también a los francotiradores que están en los edificios de enfrente.

–**Vicealmirante Carvajal (Ministerio de Defensa)**: Sí, se está haciendo. Ya se tomaron medidas.

–**General Pinochet (Peñalolén)**: Otra cosa. La radio que está transmitiendo, las radios tienen que transmitir nuestro programa y tienen que transmitir en cadena lo que estamos lanzando al aire, que no estamos atacando al pueblo, estamos atacando ¡a los marxistas! que tenían dominado al pueblo y lo tenían hambreado.

–**Vicealmirante Carvajal (Ministerio de Defensa)**: Correcto, sí... se está enviando esa información que tú mandaste. Ya se entregó a la radio ya...

–**General Pinochet (Peñalolén)**: ¿Están atacando los tanques? ¿Está la Escuela de Infantería? ¿Llegó o no? ...¿Llegó la Escuela de Infantería?

–**Vicealmirante Carvajal (Ministerio de Defensa)**: La Escuela de Suboficiales... ("con el comandante Canessa", le sopla un ayudante)... con el comandante Canessa... ("la artillería del Tacna", agrega el ayudante)...la Artillería del Tacna, más los Blindados. Los carabineros se retiraron de La Moneda. Los vimos salir de La Moneda.

–**General Pinochet (Peñalolén)**: Mendoza controla los carabineros...

–**Vicealmirante Carvajal (Ministerio de Defensa)**: Correcto, Mendoza controla los carabineros. Me dijo que la Dirección General de Carabineros, el edificio, lo tienen neutralizado y lo van a dejar para el último. No ha habido ninguna reacción, no han disparado nada desde el ... desde el edificio.

—**General Pinochet (Peñalolén):** Conforme. Otra cosa, Patricio. A las once en punto de la mañana hay que atacar La Moneda, porque este gallo no se va a entregar.

—**Vicealmirante Carvajal (Ministerio de Defensa):** Se está atacando ya... Se está rodeando y atacando con... con... a ver... con bastante ímpetu. Así que yo creo que pronto van a poder tomarla.

—**General Pinochet (Peñalolén):** Conforme. En seguida se sale al avión, viejo, y se despacha *altiro*.

—**Vicealmirante Carvajal (Ministerio de Defensa):** Ne ... negó la posibilidad de avión.

—**General Pinochet (Peñalolén):** ¿La negó?

—**Vicealmirante Carvajal (Ministerio de Defensa):** Pidió al Edecán Militar que los Comandantes en Jefe concurrieran a La Moneda.

—**General Pinochet (Peñalolén):** ¡No! ... que él concurra al Ministerio de Defensa.

—**Vicealmirante Carvajal (Ministerio de Defensa):** ...concurrir aquí al Ministerio de Defensa. A lo mejor...

—**General Pinochet (interrumpe):** ¿Va a concurrir él? ...¿Él va a concurrir?

—**Vicealmirante Carvajal (Ministerio de Defensa)**: No, se negó...

(aparece una voz que complica el enlace)

—**General Pinochet (Peñalolén)**: ... yo sabía... (inentendible)... me dijo a mí como era *güenazo* para... la idea es que si llega *p'allá* lo *metís* en el sótano.

—**Vicealmirante Carvajal**: Sí ...

—**General Pinochet**: ...se lo dijo. Así que no, por ningún motivo. Que vaya al Ministerio de Defensa. Ahí llegamos todos. Pero, ahora, ataque a La Moneda, ¡fuerte!

Notas:

[1] *Allende y la experiencia chilena,* Joan E. Garcés, Ediciones Bat.

[2] "Así murió Allende", González-Verdugo-Monckeberg, revista *Análisis* (junio 1987)

Capítulo cinco
Allende no se rinde

CAPITULO CINCO
ALLENDE DEL SEKMUT

QUE SE RINDA, que vaya al Ministerio de Defensa, que renuncie. El Presidente ya ha dicho su última palabra, la dijo en un discurso dirigido a Chile entero, pero ellos no pueden creer que sea cierto.

"¡Ataque a La Moneda, fuerte!" Es la orden del general Pinochet y se está cumpliendo. Del palacio responden los que pueden responder.

—Me pasaron una metralleta. Y recuerdo que me la quedé mirando, sin entender qué podía yo hacer con esa cosa. Pesaba muchísimo y yo no tenía la menor idea de cómo hacerla funcionar. Así que la dejé en el suelo —recuerda el doctor Arturo Jirón, ex Ministro de Salud.

Pero el Presidente sí sabe cómo funcionan las armas. Y logra escabullirse de la protectora mirada de la Payita, que lo sigue por donde va. Ella lo encuentra, momentos después, tendido en el piso de la oficina vecina al despacho presidencial, disparando por el ventanal.

Le grita, clamando para que desista y se retire a un lugar más seguro. Él desoye sus ruegos.

—Ahí llegó la Paya a pedirme que la ayudara. Y me deslicé gateando por la pieza hasta alcanzar sus tobillos y empecé a jalarlo hacia atrás. Él se resistió, gritó un par de garabatos y al ver que era yo quien lo tomaba, dijo: "Ah, eres tú Jironcito". Y aceptó salir de esa oficina cuando le dije que necesitábamos hablar con él —relata el doctor Jirón.

El ataque terrestre no da tregua. En el despacho presidencial, los defensores disparan por las ventanas, agazapándose como pueden para evitar ser heridos. Un tanque hace blanco y la gran bala abre un boquete en la pared. El detective Quintín Romero estaba allí:

—Nos arrinconamos todos, cayeron brasas y comenzaron a quemarse las alfombras. Fue terrible. El impacto pasó por la ventana que estaba abierta. Gateando llegamos hasta donde se iniciaba el fuego y lo apagamos con cojines. En ese instante, comenzó a sonar un teléfono. Nadie lo atendía, ya que estábamos todos parapetados. Al final, de punta y codo, alcancé el aparato y lo levanté. "Habla Tencha, ¿con quién habló?" Me identifiqué y la señora del Presidente me pidió que la comunicara con su esposo. Le expliqué que era imposible, que disparaban. "¿Dónde está Salvador?", preguntó. Y luego de explicarle la situación, en pocas palabras claro, terminó diciendo: "Yo voy a salir de Tomás Moro. Comuníqueselo por favor y... cuídenmelo mucho". No pude darle el recado al Presidente, ya que poco después quedé aislado —recuerda Romero.

En la casa presidencial de Tomás Moro, la Primera Dama ha aceptado la posibilidad de un ataque inminente. Los helicópteros pasan a muy baja altura. Hasta un avión hace vuelos rasantes. El detective a cargo de su custodia, Jorge Fuentes Ubilla, la convenció de salir para buscar un refugio más seguro. Ella escoge la casa del economista Felipe Herrera, ex presidente del Banco Interamericano de Desarrollo (BID).

En La Moneda, arrecia el ataque terrestre. Y el tic-tac de un invisible reloj parece contar los segundos para el anunciado ataque aéreo. El Presidente sabe que él debe morir, pero quiere salvar la vida de quienes lo rodean. Y los que están allí quieren compartir el destino del Presidente, acompañarlo hasta el final, imaginando una suerte de milagro que permita a todos sobrevivir. Quizás el milagro venga en las alas del rumor que corre por los pasillos de La Moneda: el general Prats viene con tropas desde el norte.

El Presidente no se aferra a rumores. Sólo sabe que los hechos marcan tiempo de muerte. ¿Cómo romper la amarra de la lealtad y del afecto profundo que tiene anclados junto a él a esos hombres y mujeres? ¿Qué hacer para convencerlos? El Presidente recurre a todos los argumentos posibles.

Decide reunirlos en el Salón Toesca y hablarles. Comienza con un breve análisis político de lo que significa el golpe de Estado en curso, triunfo de las fuerzas reaccionarias para anular el "honesto intento que hemos hecho, en estos tres años, por darle dignidad al pueblo".

No, lo que está sucediendo allá afuera no es un episodio más en el difícil panorama que ha debido enfrentar el gobierno de la Unidad Popular en estos tres años. No, no se equivoquen. Lo que está sucediendo marcará con sangre la historia de Chile por muchos años. Aquí se juega la vida o la muerte. "Sólo deben quedarse aquí los que puedan y quieran combatir. Los que tengan algún impedimento para combatir, deben abandonar de inmediato La Moneda. Los únicos que tienen la obligación de quedarse son los miembros de mi escolta personal. ¿Está claro? No quiero mártires. Escuchen bien, ¡no-quie-ro-már-ti-res! Pediré una tregua y saldrán". Sigue argumentando, casi ruega. Todos lo miran. Todos se miran cuando él termina de hablar. Nadie se mueve.

¿Qué hacer? Su hija Beatriz tiene más de siete meses de embarazo. Ya dos veces le ha pedido que se vaya y ella sigue ahí, inconmovible.

—No, papá, no insistas. Me voy a quedar acá...

Sigue ahí como estuvo los mil días de gobierno, trabajando en la oficina vecina al despacho de su padre.

A su asesor Joan Garcés lo convence de salir con un argumento final: "... y, por último, alguien tiene que contar lo que aquí ha pasado, y sólo usted puede hacerlo, ¿no es cierto?" Los otros que escuchan asienten con el gesto.[1]

***

—**Carvajal:** Aquí Patricio, adelante.

—**Pinochet:** Patricio, habla Augusto. Díme... el señor Altamirano, el señor... este otro... ehhh...Enríquez... el otro señor... ¿cómo se llama? ... Palestro... y todos estos gallos, ¿dónde están metidos? ...¿los han encontrado o están fondeados?

—**Carvajal:** No tengo informaciones de dónde se encuentran. Voy a...

—**Pinochet (interrumpe):** Es conveniente darle la misión al servicio... al servicio de Investiga... al servicio de Inteligencia de las tres instituciones para los ubiquen y los tomen presos. Estos gallos deben estar fondeados porque son verdaderas culebras...

—**Carvajal:** Conforme, conforme. Yo acabo de... el comandante Badiola está en contacto con La Moneda. Entonces, le va... le va a transmitir el ofrecimiento, este último, de rendición. Me acaban de informar de que habría intención de parlamentar.

—**Pinochet (interrumpe):** Parlamentar significa que (inentendible)... No, tiene que ir a La Moneda él con una pequeña cantidad de gente...

—**Carvajal (quien ha seguido hablando):** ... se retiraron, pero ahí...

—**Pinochet (corrige su frase anterior):** ...al Ministerio, al Ministerio...

—**Carvajal (sigue hablando)**: ... que estaba ofreciendo parlamentar...

—**Pinochet (vuelve a interrumpir)**: Rendición incondicional, nada de parlamentar... ¡Rendición incondicional!

—**Carvajal**: Bien, conforme. Rendición incondicional y se le toma preso, ofreciéndole nada más que respetarle la vida, digamos.

—**Pinochet**: La vida y se le... su integridad física y en seguida se le va a despachar para otra parte.

—**Carvajal**: Conforme. Ya... o sea que se mantiene el ofrecimiento de sacarlo del país.

—**Pinochet**: Se mantiene el ofrecimiento de sacarlo del país... pero el avión se cae, viejo, cuando vaya volando.

—**Carvajal**: Conforme, je, je (se ríe)... conforme. Vamos a procurar que prospere el parlamento.

* * *

Camina a paso firme por la Galería de los Presidentes. La balacera en el exterior resuena por los ventanales y puertas destruidos. De repente se detiene y, junto con él, los tres guardias personales que lo acompañan. Da una mirada a los bustos que evocan la historia patria y que yacen sobre los pedestales, inconmovibles, mientras el golpe de Estado se consuma. ¿Van a salvarse ilesos los Presidentes? ¿Van a quedarse así como así mientras La Moneda es acribillada por los cuatro costados?

—¡Destruyan a todos estos viejos de mierda! Sólo se salvan Balmaceda y Aguirre Cerda. ¡Sólo ellos! Los otros... ¡al suelo! —dice Allende al tiempo que empuja con fuerza el busto de González Videla.

Los tres hombres del GAP cumplen la orden. Las cabezas caen al piso y se hacen añicos. La quebrazón anula, por unos instantes, el sonar de las balas. Y Salvador Allende sale de la galería, dejando atrás sólo al Presidente Balmaceda —quien se había suicidado casi un siglo atrás, tras el golpe de Estado que castigó sus ímpetus revolucionarios— y al Presidente Aguirre Cerda, quien encabezó el gobierno del Frente Popular en 1938.

***

—Puesto Dos (Fuerza Aérea): Estado sitio, solicito estado sitio. Y toque de queda, y toque de queda a las 18 horas local, a las 18 horas local. Firmado golf alcon get, firmado golf alcon get. Dígame cómo recibió, cambio.

—Puesto Tres (Escuela Militar): Solicito estado de sitio, solicito estado de sitio, y toque de queda, y toque de queda, a las 18.00, a las 18.00 horas local, horas local. Lo firma: golf alcon fer, golf alcon fer, Comandante en Jefe de la Fuerza Aérea. Déme roger.

***

113

El Presidente decide jugarse a fondo para convencer a las mujeres. Deben salir cuanto antes. Ordena que las reúnan. Sus hijas Beatriz e Isabel. Las periodistas Frida Modak, Verónica Ahumada y Cecilia Tormo. La cubana Nancy Jullian, esposa de Jaime Barrios, presidente del Banco Central. Una secretaria, la de Daniel Vergara, subsecretario del Interior. Una enfermera del equipo médico. Y Miria Contreras, la Payita...

***

—**Vicealmirante Carvajal:** Augusto de Patricio, adelante.

—**General Pinochet:** Patricio, hay que hacer... conforme con toque de queda, conforme con el estado de sitio, pero hay que agregar algo. Se va a aplicar la Ley Marcial a toda persona que se le sorprenda ¡con armas o explosivos, va a ser fusilado de inmediato! ... sin esperar juicios sumarios ni sumari...

—**Vicealmirante Carvajal:** Conforme. Ley Marcial... es decir, Estado de Sitio, toque de queda y a todo el que se le sorprenda con armas o explosivos será ejecutado de inmediato.

—**General Pinochet:** ...Ley Marcial.

***

"No me hagan las cosas más difíciles", argumenta el Presidente ante las mujeres. Los disparos y estallidos dificultan la audición. El círculo femenino se estrecha.

"Deben salir y deben salir ahora, antes del bombardeo. Estamos en comunicación con el comandante Badiola, en el Ministerio de Defensa, y voy a pedir una tregua para que ustedes puedan salir".

***

–**Vicealmirante Carvajal:** Augusto, aquí Patricio...

–**General Pinochet:** Augusto habla a Patricio. Mira, Tomás Moro se ha dejado de mano. Ahí hay un centro de comunicaciones. ¿Lo habrán ocupado los carabineros?

–**Vicealmirante Carvajal:** Los carabineros estaban desocupando Tomás Moro y entonces se va a atacar. Se está pidiendo a la Fuerza Aérea que lo bombardee...

–**General Pinochet (interrumpe):** O sea, ha estado evacuado de carabineros... Me explico...

–**Vicealmirante Carvajal:** ... entonces va a ser bombardeado...

–**General Pinochet:** Me explico. A ver si entendí bien. Carabineros va a evacuar Tomás Moro y la Fuerza Aérea lo va a bombardear.

—**Vicealmirante Carvajal:** Eso es correcto.

—**General Pinochet:** ¿A qué hora?

—**Vicealmirante Carvajal:** En cuanto sea posible, se están dando las órdenes.

—**General Pinochet:** No te olvides que el primer objetivo es La Moneda, pues viejo.

—**Vicealmirante Carvajal:** Sí, pero no es conveniente actuar en La Moneda con la Fuerza Aérea, pero sí en Tomás Moro. En La Moneda estamos esperando la venida del General de Carabineros que va a venir a parlamentar acá.

—**General Pinochet:** Conforme.

—**Vicealmirante Carvajal:** Se está esperando eso. El comandante Badiola es el hombre de enlace con La Moneda a través del teléfono.

—**General Pinochet:** Ten cuidado con el señor Presidente, que es muy *re chueco*, no dice nunca la verdad. Así que hay que tener mucho cuidado con él.

***

—Nos van a matar afuera, Presidente. Escuche los balazos, escuche... Y entre morir en la calle y morir en

La Moneda, me quedo aquí, con usted —argumenta la periodista Verónica Ahumada.

Él la mira. Tiene poco más de veinticinco años. Se ve menor aún, con su largo pelo lacio y negro.

—No, no van a morir ni adentro ni afuera. Ustedes van a vivir. Y usted, Verónica, acuérdese que tiene que escribir lo que aquí ha pasado. Ese es su compromiso. Vamos a esperar que cumplan con la tregua que prometieron. Y ahí salen... va a haber un jeep esperándolas afuera.

El tono del Presidente es grave. No da lugar a discusiones esta vez. Sus hijas se resisten. "Mi hermana y yo tuvimos varios diálogos muy difíciles con él. Primero nos pidió, luego nos rogó y después, con desesperación, nos ordenó salir ante nuestra resistencia", recuerda Isabel Allende.[2]

***

—**Puesto Dos (Academia de Guerra Fach)**: Puesto Cinco, Puesto Dos le llama. Puesto Cinco, Puesto Dos le llama, cambio.

—**Puesto Cinco**: Para el general Leigh, general Díaz para el general Leigh. Cambio.

—**Puesto Dos (Academia de Guerra Fach)**: Aquí general Leigh para general Díaz, cambio.

—**General Nicanor Díaz Estrada (Puesto Cinco)**: Mi general, se trata de aguantar un poco el ataque a La

Moneda porque se habló con el señor Tohá y van a mandar un parlamentario, van a mandar un parlamentario. Por lo tanto, que aguante un poquitito. Yo lo llamo por este mismo medio una vez que tengamos clara la situación, cambio.

–**General Leigh:** Puesto Dos para... general Leigh para general Díaz. Esa es una maniobra dilatoria. Esa es una maniobra dilatoria. Much...(se corta por irrupción de Puesto Uno)

–**Puesto Uno (Peñalolén-Ejército):** Puesto Tres de Puesto Uno, cambio.

–**General Díaz (Puesto Cinco):** ... pueden salir los homb... las mujeres y algunos hombres que quieran abandonar La Moneda y, si no, vendría el general Sepúlveda, de Carabineros. Si no hay un entendimiento con él, procederíamos al ataque de inmediato. Cambio. No más de diez minutos.

–**General Leigh (Academia de Guerra Fach):** Correcto.

***

El Presidente le pide al doctor Jirón que intervenga para convencer a Beatriz. Fue su profesor en la Escuela de Medicina y la joven lo respeta profundamente.

—La Tati era una mujer de firmes convicciones y adoraba a su padre. Quería quedarse junto a él, sin medir los riesgos para ella y su embarazo. Estaba tranquila. Diría que estaba tranquila-desesperada, sabía que la situación era gravísima, que se corría riesgo de muerte y, a la vez, estaba serena —recuerda Jirón.

Había que recurrir al máximo poder de convicción. El médico cierra los ojos y evoca lo que le dijo:

—Mira, Tati, aquí vas a ser más una molestia que una ayuda. Piénsalo un segundo y me vas a encontrar razón. Tienes un embarazo de más de siete meses, tienes que cuidar a tu hijo, ¿qué vas a hacer aquí? Mira, nos van a bombardear, van a caer bombas de verdad. No te podemos cuidar. Por favor, ándate. Ándate con las mujeres. Tu padre necesita que te vayas...

Beatriz lo mira fijamente. Sabe que la tragedia está batiendo alas sobre el palacio. Cada bala de cañón reafirma lo inevitable. No contesta...

***

—**Puesto Cinco (Ministerio de Defensa):** General Díaz para General Pinochet, cambio.

—**General Leigh (Academia de Guerra Fach):** ... que esté en el aire listo para iniciar operación. Comunique también que Tomás Moro va a ser batido de treinta a cuarenta minutos, dentro de treinta a cuarenta minutos. Cambio.

—**General Díaz Estrada:** Conforme, mi general. Tomás Mo... ehhhh... Tomás Moro va a ser batido dentro de treinta a cuarenta minutos. Cambio.

–**General Leigh:** Correcto.

–**General Díaz Estrada:** Conforme, mi general. Termino de hablar.

***

–Presidente, Badiola al teléfono desde el Ministerio de Defensa...

Allende toma el auricular. Escucha. Y contesta con tono golpeado.

–Mire, comandante Badiola, ¡el Presidente de la República atiende y recibe en La Moneda! ... ¿Le quedó claro? Transmita mi mensaje tal cual. Si quieren hablar conmigo, ¡que vengan acá!

"El Presidente se mantuvo siempre entero, totalmente lúcido. Controlaba cada uno de sus movimientos y palabras. Estaba a cargo de la situación", recuerda el doctor Jirón.

***

–**General Pinochet (Peñalolén-Puesto Uno):** Patricio, te habla Augusto. ¡Patricio! ... Dime si me escuchas, Patricio.

–**Vicealmirante Carvajal (Ministerio de Defensa):** Sí, escucho bien. Adelante.

–**General Pinochet:** Mira, este caballero ¡está ganando tiempo! ¡Estamos demostrándonos débiles nosotros! ¡No, no aceptes ningún parlamento! ¡El parlamento es diálogo! ¡Rendición incondicional! ... Es bien claro lo que te digo: ¡rendición incondicional!... Si quiere viene él, acompañado de Sepúlveda, al Ministerio, y se entrega. Si no, ¡vamos a bombardear cuanto antes! Dile...

—**Vicealmirante Carvajal:** Conforme. Le estamos dando diez minutos de tiempo para que...ehhh... salgan de La Moneda. Se le está informando que, en diez minutos más, se va a bombardear La Moneda. Yo estoy en conversación con José Tohá. Me dice que están además allá Almeyda y Briones. Se le está comunicando que en diez minutos más... ya se le comunicó... que en diez minutos más se va a bombardear La Moneda. Así que tiene que hacer... rendirse incondicionalmente y, si no, sufrir las consecuencias.

—**General Pinochet:** Esos que me acabas de nombrar tú, arriba de un avión y se van de inmediato, viejo. A las doce están volando para otra parte.

—**Vicealmirante Carvajal:** Conforme, así se va a transmitir.

—**General Pinochet:** No podemos aparecer con debilidad de carácter, aceptándole plazos y parlamento a esta gente porque... ¡no podemos nosotros aceptar plazos ni parlamentos, que significa diálogo, significa debilidad! Todo ese montón de *jetones* que hay ahí, el señor

Tohá, el otro señor Almeyda, todos estos mugrientos que estaban echando a perder el país, hay que pescarlos presos... y el avión que tienes dispuesto tú, arriba y sin ropa, con lo que tienen *p'a* fuera, viejo.

—**Vicealmirante Carvajal:**... es José Tohá. Y él me dice que espere un momento para convencer al Presidente ("Está en el teléfono", le dice el ayudante)...

—**General Pinochet:** ¡Negativo!

—**Vicealmirante Carvajal**: ...está en este momento en el teléfono. Voy a hablar con él.

—**General Pinochet:** ...tivo.

—**Puesto Cinco:** Conforme, mi General, conforme, mi General, quedamos en espera de su respuesta. Cambio.

***

Los ministros piden una reunión con el Presidente. Ahí están el canciller Clodomiro Almeyda; el ministro del Interior, Carlos Briones; el titular de Agricultura, Jaime Tohá; el ministro Secretario General de Gobierno, Fernando Flores, y el ex ministro de Defensa, José Tohá. No, no han querido abandonar La Moneda pese a los reiterados pedidos del Presidente.

Ahora quieren jugarse a fondo para tratar de salvar la vida del Presidente. Reunión a puertas cerradas. ¿Salir, rendirse? Los argumentos emergen de uno y otro, tratando de convencerlo. El Presidente los hace callar con un gesto amable. Entiende sus esfuerzos. Han sido tan leales como para permanecer aún en La Moneda, bajo el asedio de un ataque terrestre sin cuartel. Para ellos no tiene sino agradecimiento. No puede reprenderlos por su intento. Pero están equivocados. No, el Presidente de Chile no se entrega ni se rinde. No. Es su última palabra.

Los Ministros deciden irse hacia el sector sur del palacio, donde están las oficinas de la Cancillería. Hay que buscar un espacio donde poder discutir y reflexionar.

***

—**General Pinochet:** Gustavo, nosotros no podemos aparecer con debilidad de carácter. Y es nefasto dar plazos y aceptar parlamentos. ¡Nefasto dar plazos y aceptar parlamentos! El avión que tienes dispuesto tú para el Presidente, hay que ir a dejar a todos estos campeones que están dando vuelta... el Tohá, el Almeyda, todos estos señores arriba del avión y mandarlos, los mandamos de un viaje ya sea ... a cualquier punto que tú consideres necesario... menos a Argentina. Adelante, cambio.

***

El bombardeo está retrasado. En La Moneda no saben qué significa el retraso. ¿Será sólo una bravata y no se atreverán a hacerlo? ¿Se podrá bombardear el palacio sin destruir los edificios a su alrededor? Y si el bombardeo comienza, ¿qué lugares ofrecerán más resistencia?, ¿dónde guarecerse? Unos hablan de subterráneos, otros de galerías interiores. Unos prefieren obviar el tema y se concentran en contar los víveres, como si hubiera que resistir un largo asedio. ¿Tenemos agua, con cuánta comida se cuenta?

***

—**Puesto Dos:** General Díaz, aquí general Leigh, cambio.

—**General Díaz Estrada:** Mi General, en estos momentos sale del Ministerio un jeep a La Moneda a retirar seis mujeres, seis mujeres. Será cuestión de tres minutos para que aguante el ataque. Cambio.

—**General Leigh (Academia de Guerra Fach):** Déjense, déjense de labores dilatorias y de mujeres y de jeep. ¡Yo voy a atacar de inmediato! ¡Cambio y terminado!

—**General Díaz Estrada:** Conforme.

***

—Tati, esta vez no te lo pido. Te lo ordeno. Debes salir de inmediato. Me estás impidiendo actuar con libertad. Si me quieres ayudar, tienes que salir de inmediato. ¡Yo necesito saber que tú y tu hermana están a salvo! Esa es la misión que te doy: sacar de aquí a tu hermana y salir tú con esa criatura que llevas adentro. ¿Entendiste?...

Ella lo mira. Él la mira. Los ojos están conectados, como siempre tuvieron conectadas sus almas desde que ella nació. Él sabe que ella ha accedido, que no se resistirá más. La abraza. No puede estrecharla fuerte, el abultado vientre lo impide. Al oído agrega otra misión, para sedar la despedida: "Hay que contar al mundo lo que aquí ha sucedido. Tú debes ayudar a hacerlo, hija".

No hay tiempo para más. Los segundos corren en contra. Sí, las mujeres van a salir de inmediato. Hay que avisar al Ministerio de Defensa.

***

—**Puesto Tres (Escuela Militar-enlace):** Puesto Uno, Puesto Tres.

—**Puesto Uno (Peñalolén-Ejército):** Puesto Tres de Puesto Uno. Adelante.

—**Puesto Tres:** ¿Está mi general Pinochet?

—**Puesto Uno:** Afirmativo.

—**Puesto Tres:** Dígale a mi general Pinochet que mi general Leigh manifiesta que correcto y que ataca de inmediato La Moneda y Tomás Moro con cuatro aviones de combate. Déme roger.

—**Puesto Uno**: Recibido. Conforme.

—**Puesto Tres**: Puesto Dos de Puesto Tres...

—**Puesto Dos**: Aquí Pues...

—**General Pinochet (interrumpe)**: Que esperen un momento, esperen un momento los aviones de La Moneda porque van a salir las mujeres, las hijas entre ellas...

—**Puesto Tres**: Dos adelan...

—**Puesto Uno**: Puesto Tres de Puesto Uno. Cambio.

—**Puesto Tres**: Adelante Puesto Uno para Puesto Tres.

—**Puesto Uno (Peñalolén-Ejército)**: En lo que se refiere al ataque aéreo a La Moneda, que esperen un momento que van a salir seis mujeres. La espera no debe ser superior a tres minutos.

***

El Presidente encabeza el grupo de mujeres que baja por la escalera hacia la puerta lateral de Morendé 80. Ordenó que todas bajaran de inmediato. No se atreve a mirar atrás: sabe que la Payita no está en el grupo. Sabe que si retrasa la salida, para buscarla y hacerla salir, los riesgos son muy altos. El riesgo de que su hija Beatriz eche pie atrás. El riesgo de que se inicie el bombardeo.

Abre la puerta y mira hacia afuera. Estira el brazo y asoma su mano con el paño blanco que alguien le ha pasado. Se escuchan órdenes militares. No hay balazos.

—¡Ya, salgan, rápido! Corran hacia la Intendencia, allá hay un jeep esperándolas —dice al tiempo que empuja suave y firmemente a la primera hacia la vereda.

Salen las seis. Beatriz e Isabel Allende. Verónica Ahumada, Cecilia Tormo, Frida Modak, Nancy Jullian. No hay ningún jeep esperándolas en la esquina. Se internan unos metros por calle Moneda hacia el oriente. Una voz les grita: "¡Acá, acá, vengan!" Un periodista del diario opositor *La Prensa* las conduce hacia el subterráneo. Vuelven a resonar disparos aislados. No hay militares a la vista. Las tropas están parapetadas a la espera del bombardeo.

***

—Puesto Dos (Academia de Guerra Fach): Adelante, mi general Díaz.

—General Díaz Estrada: Comuníquele a mi General que las mujeres salieron. La Moneda está libre para atacar. Cambio.

***

La Payita, ¿dónde se metió la Paya? El Presidente vuelve a subir la escalera, con el alivio profundo de saber a sus hijas a salvo. ¿A salvo? Sí, no se atreverán a hacerle daño a un grupo de mujeres. El comandante Badiola se comprometió a protegerlas. Pero, ¿y la Paya? Cuando la vuelve a ver, ella está hablando con Augusto Olivares y Osvaldo Puccio. Ahí al lado está el joven Puccio, sereno, de una madurez inimagible a sus veinte años, en actitud de ser el guardián de su padre. ¿Debimos hacerlo salir con las mujeres? Ya es muy tarde.

El Presidente se acerca al grupo. Ella lo mira. No hay palabras de explicación. No son necesarias. Ahora lo urgente es buscar el lugar más seguro para protegerse del bombardeo.

∗∗∗

—**Puesto Dos:** Mensaje para el señor general Pinochet de parte del señor general Leigh. El ataque aéreo tiene una leve...una leve demora. Será aproximadamente en quince minutos más, será aproximadamente en quince minutos más. Déme un comprendido.

—**Puesto Tres (Escuela Militar-enlace):** Ya, perfecto. Ataque aéreo a La Moneda tiene una pequeña demora, en quince minutos más se hará efecto a Tomás Moro y a La Moneda. Roger.

—**Puesto Dos:** Correcto.

—**Puesto Tres:** Puesto Uno, Puesto Tres. Puesto Uno, Puesto Tres.

—**Puesto Uno:** Cambio.

—**Puesto Tres:** ¿Está mi general Pinochet?

—**Puesto Uno:** Afirmativo.

—**Puesto Tres:** Comuníquele a mi general Pinochet de parte de mi general Leigh que ataque a La Moneda y Tomás Moro tiene un pequeño retraso y que en quince minutos más se hace efectivo. Déme roger.

—**Puesto Uno:** Recibido. Entendemos que el ataque va a llevarse a efecto once cuarenta. Interesa saber razón de la demora. Cambio.

—**Puesto Tres:** Ya, perfecto, momentito... (hablan entre ellos)... Puesto Dos, Puesto Tres.

—**Puesto Dos:** Puesto Tres, Puesto Dos. Prosiga.

—**Puesto Tres:** Ehhh, mi general Pinochet manifiesta que perfecto, pero que quiere saber motivo de la... motivo del atraso.

—**Puesto Dos (Academia de Guerra Fach):** Conforme, conforme. Que los aviones, que los aviones vienen de Concepción, vienen de Concepción, y tuvieron problemas de carguío. Tuvieron problemas de carguío.

–Puesto Tres: Ya, perfecto...Puesto Uno, Puesto Tres.

–Puesto Uno: Puesto Uno.

–Puesto Tres: Comuníquele a mi general Pinochet que los aviones vienen de Concepción y tuvieron problemas de cargueo. Déme roger.

–Puesto Uno: Recibido. Fuera.

***

Problemas de "carguío". Quince minutos de retraso por cargar combustible. Los *Hawker Hunter* ya vienen surcando el cielo desde Concepción, ciudad ubicada a 519 kilómetros al sur de la capital. Los *rockets* están prestos para ser disparados.

***

–Puesto Cinco: Atención Puesto Dos, aquí Puesto Cinco general Díaz. Cambio.

–Puesto Dos (Academia de Guerra Fach): Conforme, mi General. De orden del señor Comandante en Jefe, información sobre despegue hache-hache (Hawker Hunter) Concepción es vital. Se necesita saber urgente. Cambio.

–General Díaz Estrada (Puesto Cinco): Ruego repetir, ruego repetir. Cambio.

—**Puesto Dos (Academia de Guerra Fach):** Mi general, de orden del señor comandante en jefe: información sobre despegue hache-hache desde Concepción es vital. Se necesita saber de inmediato. Cambio.

***

Quince minutos de retraso. No, la verdad es que el retraso es mayor. La Fuerza Aérea se había comprometido a bombardear a las once. Así se notificó a La Moneda por teléfono. Así se avisó al país por radio. Y ahora resulta que el bombardeo será a las 11.40, quizás 11.45 horas. El general Pinochet está muy enojado en su puesto de mando. Enojo que tiene que contener. Está en manos de la Fuerza Aérea...

Quizás fue entonces cuando se le ocurrió que su Ejército debía tener su propio Comando de Aviación. Fuerte y potente. Bajo su mando.

***

—**Puesto Uno:** Puesto Cinco de Puesto Uno.

—**General Díaz Estrada (Puesto Cinco):** Llamo inmediatamente para allá.

—**Puesto Uno:** En escucha, mi General.

—**General Pinochet:** ...ordené a Brady que actuara con la artillería con los... o sea, con los sin retroceso, y con lanza–*'cuete'*. Porque están atrasados diez minutos

ustedes. Porque si no estos gallos van a hacer algunas...
¡ya se están formando pobladas en otras partes!

–**General Díaz Estrada (Puesto Cinco):** Conforme, mi General, le comunico a la Segunda División...

–**General Pinochet (interrumpe):** ¡Esa es mi decisión!

–**General Díaz Estrada (Puesto Cinco):** ... y cañones sin retroceso. Cambio.

***

–Creí que lo del bombardeo no era cierto, que eran puras patrañas. Con todo el armamento que tenían afuera, disparando y disparando, y si además nos cortaban el agua, estábamos acosados. El bombardeo estaba de más, no teníamos poder de fuego para hacer una real resistencia –recuerda el detective Quintín Romero.[3]

¿Patrañas? En medio de la pesadilla de disparos, más valía abrirse a la posilidad de que lo peor fuera cierto.

***

–**General Díaz Estrada (Puesto Cinco):** ...para comunicarle al señor general Pinochet que, en este momento, se va a iniciar el fuego desde Artillería con los cañones sin retroceso, los cañones de los tanques, para posteriormente avanzar con Infantería. Cambio.

—Puesto Uno (Peñalolén-Ejército): General, el comandante en jefe del Ejército, general Pinochet, indica que conforme, conforme.

—General Díaz Estrada (Puesto Cinco): Que los *Hawker Hunter* deben estar sobre La Moneda un cuarto para las doce, o sea en aproximadamente en siete minutos más.

—Puesto Uno: recibido, conforme.

—General Díaz Estrada: Conforme, terminado.

***

¿Cómo sacar de La Moneda a Marcia, la asistente del Subsecretario del Interior, que se ha quedado rezagada? Ella se niega a salir y todo indica que el bombardeo es inminente. El periodista Carlos Jorquera recuerda:[4]

—La llevé a la oficina de Puccio, en el segundo piso, donde creía que podía conectarme por citófono con el garaje, a fin de que permitieran a Marcia rescatar mi auto. En el fondo, era un pretexto que habíamos inventado para convencerla de que tenía una misión que cumplir y abandonara, por fin, La Moneda.

No alcanzó a discar el citófono cuando pasó un avión y cayó el primer *rocket*. Once horas, cincuenta y dos minutos. "El remezón nos botó al suelo y con Marcia rodamos hasta el fondo de la pieza". Bajaron corriendo en busca de un sótano. Y allí encontraron al Presidente, sereno, junto a otras personas. El periodista Jorquera estaba sin aliento, entre la carrera y el miedo. Resonaron nuevos *rockets*, haciendo temblar el sótano. Allende estiró su mano y le dio un par de golpecitos alentadores al periodista.

—Nosotros no tenemos miedo, ¿no, negro? —le dijo en tono familiar a su amigo de tantos años.

—Miedo no, Presidente... ¡lo que tengo es susto: estoy cagado de susto! — respondió el periodista, tratando de sacar coraje de su implacable sentido del humor.

El detective David Garrido, en tanto, estaba en el segundo piso, en un pasillo, junto a tres de sus compañeros. Oyeron acercarse, en vuelo rasante, a un *Hawker Hunter*.

—Por esas cosas de niño chico le dije a Luis Henríquez que contáramos hasta tres una vez que el avión pasara. Sentimos silbar la bomba que cayó casi justo arriba de nosotros. Saltamos hasta la mitad de la escala. Cuando intenté ponerme de pie, me fui para atrás, me miré los zapatos y no tenían tacos, la onda expansiva había arrancado los tacos de mis zapatos. Quintín Romero y José Sotomayor quedaron aislados al otro lado, sin poder regresar— relata David Garrido.[5]

¿Qué hacer? Garrido y Henríquez saben que hay que salir de allí. Hay que escapar. ¿Adónde? ¿En qué lugar pueden estar a salvo? No hay tiempo para pensar, los dos sólo saben que hay que salir. El fuego y el humo avanzan.

—En un momento, pensamos en bajar por una escala de caracol que daba al comedor del primer piso. Cuando lo intentábamos, cayó una bomba en el repostero y quedamos enredados entre los fierros de la escalera. Yo le grité: "¡negro, negro, subamos!" —agrega Garrido.

¿Subir? ¿Cómo subir? La punta de la escala se ha desprendido, los fierros se balancean peligrosamente. Abajo, el humo cubre todo. Y el fuego crepita anunciando su avance. "Tuvimos que saltar para llegar nuevamente al segundo piso y buscar otra salida".

—Estábamos en el living que daba exactamente sobre la capilla —recuerda el detective Quintín Romero— cuando sentimos pasar los aviones y, de repente, llegaron las bombas. Fue algo muy sorpresivo. Se sintió el impacto sobre el techo, el destrozo y luego el polvo, mucho polvo. El fuego surgió de inmediato. Un *rocket* había perforado el techo. Esa zona quedó cortada y quedamos incomunicados. Tratamos de arrancar hacia las oficinas de la Primera Dama y sentimos que venían de nuevo los aviones. Era desesperante, íbamos corriendo por un pasillo. Alguien rompió el vidrio de una oficina, para abrir la puerta. Y entramos corriendo a refugiarnos debajo de los escritorios...

En la Cancillería, los ministros Almeyda, Briones, Jaime y José Tohá, Aníbal Palma y otros están refugiados en un subterráneo, junto a las calderas.

—Algunas bombas explotaron en el Patio de Los Naranjos, a pocos metros de donde nos encontrábamos. Y luego presenciamos atónitos cómo la parte de La Moneda donde se hallaban los recintos presidenciales se incendiaba y las llamas se extendían por gran parte del costado norte del palacio —relató el canciller Almeyda.[6]

—No sé por qué —recuerda el doctor Jirón— nos quedamos en el pasillo del segundo piso. Todos sentados ahí, en el ala oriente de La Moneda, esperando el bombardeo. Y cuando empezaron a caer las bombas, por largo rato nos quedamos sin movernos. Simplemente esperando. ¿Esperando qué? No sé. Esperando la muerte. Esperando un milagro, no sé. Todo se remecía con los *rockets*. En un momento dado, entre una y otra bomba, el Presidente llegó y se sentó entre nosotros. El ruido era infernal...

Cada uno de los dieciocho *rockets* da en el blanco. Precisión impecable la de los pilotos. El esqueleto del centenario edificio se convulsiona, se quiebra. Las columnas de humo comienzan a elevarse, anunciando a los cuatro puntos cardinales que la democracia chilena agoniza.

Humo, fuego. Gritos afuera. Gritos adentro. En el pasillo del ala oriente no hay bajas. Ningún proyectil dio en esa zona donde se guarecían el Presidente, la Payita y una veintena de sus colaboradores. Parece que el bombardeo ha terminado.

—¡Esto va a ser una masacre! —dice una voz, tratando de contener el pánico.

—¿Qué vamos a hacer ahora? —dice otra.

—Esto se va a quemar entero —agrega una tercera voz.

—¿Qué vamos a hacer, Presidente?

Allende sabe qué hacer. Se levanta y hace una seña a los que lo rodean. Lo siguen. Y se parapeta bajo una gran mesa, invitándolos con otra seña a seguirlo. Ahí, tendidos en el suelo, bajo la gruesa madera redonda, hablan.

—Si cierro los ojos, veo tendidos a Jaime Barrios, Arsenio Poupin, Osvaldo Puccio y otros. Todos tendidos junto al Presidente. Hay estallidos cerca, que hacen difícil escuchar. El aire está enrarecido por el humo. Creo que entonces se decide que Flores, Puccio y Vergara vayan al Ministerio de Defensa a parlamentar —recuerda el doctor Jirón.

Cada vez cuesta más respirar. Muy adentro, el Presidente siente alivio. Ha logrado que tres de sus colaboradores acepten salir de La Moneda. Salvar con vida a su gente es su última misión.

***

—**General Pinochet:** Habla Augusto a Patricio, habla Augusto a Patricio. Oye, dime cómo va el ataque a La Moneda porque me tiene muy preocupado.

—**Vicealmirante Carvajal:** En La Moneda, han llamado por teléfono... ehhh... Flores, el ex ministro Flores... y Puccio, el secretario del Presidente, manifestando su intención de salir por la puerta de Morandé 80 para rendirse. Se les ha indicado que deben venir... deben salir enarbolando un trapo blanco para cesar el fuego. Esto se le ha comunicado al general Brady y al general Arellano. Ehhh... la idea es nada de parlamentar, sino que tomarlos presos inmediatamente.

—**General Pinochet:** Conforme. Y otra cosa, Patricio, es interesante que hay que tenerle listo el avión que dice Leigh. Esta gente llega y ahí ¡ni una cosa! ... se toman, se suben arriba del avión y parten, viejo... Con gran cantidad de escolta.

—**Vicealmirante Carvajal:** La idea sería tomarlos presos no más por el momento, después se verá si se les da avión u otra cosa, pero... por el momento, la idea es tomarlos presos.

—**General Pinochet:** ...arlos... Pero es que si los juzgamos, les damos tiempo, pues. Y es conveniente... lo que creo... es motivo para que tengan una herramienta para alegar. Por último, se les pueden levantar hasta las pobladas para salvarlos ... creo que lo mejor... consúltalo con Leigh... la opinión mía es que estos caballeros se toman y se man... se mandan a dejar a cualquier parte. Por último, en el camino, los van tirando abajo.

(Risas en el Puesto Tres de enlace. Un oficial de la Escuela Militar comenta: "este es *facho*, huevón").

—**Vicealmirante Carvajal:** Bien, lo voy a consultar con Leigh.

—**General Pinochet:** Consúltalo con Leigh. Mi opinión es que se vayan, oye, porque o si no vamos a tener problemas después. En cambio, al ... al salir, después controlamos la entrada. Es más fácil.

***

Ahí están en la puerta de Morandé 80. El ministro Fernando Flores. El subsecretario Daniel Vergara. El secretario privado del Presidente, Osvaldo Puccio, y su joven hijo del mismo nombre.

Asoman un paño blanco a la calle. Dos balazos perforan la tela. No, no se puede salir. ¿Qué hacemos? Hay que llamar al Ministerio de Defensa.

***

—**Vicealmirante Carvajal:** Gustavo, aquí Patricio.

—**General Leigh:** Aquí Gustavo para Patricio. Cambio.

—**Vicealmirante Carvajal:** Ehhh... Augusto me dice que a la gente que está procurando rendirse, que es Flores y el secretario este, Puccio, secretario de Allende, que traen un papel de Allende... (voces del Puesto Tres dificultan la audición)... de darles un avión para que salgan del país, me pidió que te consultara a ti. Yo creo, de acuerdo con los asesores que tengo acá, que no es conveniente sacarlos del país, sino que sencillamente tomarlos presos y posteriormente se decidirá... si se les da avión o no.

—**General Leigh**: Aquí Puesto Dos para Puesto Cinco, Patricio. General Leigh. Yo soy de opinión de sacarlo del país. Yo prefiero sacarlo del país cuanto antes. Objeto evitar problemas que pueden derivarse posteriormente. Yo tengo un DC-6 en Cerrillos, Grupo Diez, a las órdenes de él, siempre que no me salga del continente sudamericano. O a lo sumo podría llegar hasta México. Pero yo creo que lo mejor es mandarlo cambiar afuera del país. Salvo que ustedes opinen lo contrario. Yo me someto a la opinión de mayoría. Cambio.

—**Vicealmirante Carvajal:** No... ehh... Pinochet, Augusto Pinochet, es de la misma opinión, ¿no? ... es de la misma opinión... de sacarlo del país. Así que entiendo que esto sería extensivo a la gente que está con él, vale decir a Flores, a Puccio y algunos otros que lo puedan acompañar.

—**General Leigh:** Aquí, de Gustavo para Patricio. Yo soy de opinión de que Puccio muy bien, Puccio muy bien y otros Ministros muy bien. Pero el señor Fernando Flores, Vuscovic, Altamirano y todos esos carajos, como Faivovich, ¡esos no suben al avión! Cambio.

—**Vicealmirante Carvajal:** Conforme. Entonces los tomaríamos presos y ahí discriminaríamos entre cuál va al avión y cuál no.

—**General Leigh:** Gustavo para Patricio. Eso es correcto. Eso es correcto. Cambio.

—**Vicealmirante Carvajal:** Ya, conforme, vamos a actuar así entonces. Gracias.

—**General Leigh:** Gracias.

—**General Pinochet:** Aló, Patricio, ¿qué es lo dijo Leigh?

—**Vicealmirante Carvajal:** Leigh dijo que él concuerda con tu opinión, en sacar a Allende, a su secretario y... pero en ningún caso que salgan ni Flores, ni Vuscovic, ni Altamirano...

—**General Pinochet:** Yo creo que Flores... Flores dejémoslo aquí adentro para juzgarlo. Altamirano, para juzgarlo. ¿Y cuál era el otro?

—**Vicealmirante Carvajal:** ¿Y cuáles quedan presos acá?

—**General Pinochet:** Vuscovic también... porque a ese hay que juzgarlo, ese es un carajo que cagó el país.

—**Vicealmirante Carvajal:** Vusco..

—**General Pinochet (sigue):** El señor Allende y el señor... el otro, el Puccio, hay que tirarlos... ¿Vienen con algún mensaje? ¿Ya se rindió Allende? ¿Cómo es la cosa?... Aló, Patricio, ¿se rindió Allende?

—**Vicealmirante Carvajal:** El secretario, este Puccio, dice que él va a salir con Flores y otra persona, con una carta de... de Allende. Entonces, se les va a decir que se tienen... que no hay otra que se rindan incondicionalmente. Se les va a tomar preso, entonces.

—**General Pinochet:** Conforme, pero ten cuidado con las famosas cartas del señor Allende. Porque este gallo está jugando, juega y sigue muñequeando.

—**Vicealmirante Carvajal:** Se les deja presos...

General Pinochet: Está ganando tiempo. Guárdame la carta y tíralo *altiro* al avión.

—**Vicealmirante Carvajal:** Conforme.

—**General Pinochet:** Mira, cuando vaya volando, leemos la carta.

—**Vicealmirante Carvajal:** Conforme.

—**General Pinochet:** El señor Allende está ganando tiempo porque tiene... se están armando algunos... algunos poblados, eso se ha visto desde el helicóptero. Por esa razón, este gallo está ganando tiempo.

—**Vicealmirante Carvajal:** Conforme.

—**Vicealmirante Carvajal (voz distorsionada por la transmisión):** disparando ... entretanto se sigue disparando, hasta que no salgan con bandera blanca se les va a seguir disparando...

—**General Pinochet:** ¡Délen más *guaraca* hasta el final y que no se apague el incendio, viejo!

—**Vicealmirante Carvajal:** Sí, porque ya las tropas están por entrar a La Moneda. Así que, en todo caso, van a ser hechos prisioneros dentro de poco.

—**General Pinochet:** Conforme.

—**Puesto Uno:** Adelante Tres...

—**Puesto Tres (Escuela Militar-enlace):** Mi general Leigh desea que le consulte a mi general Pinochet sobre resultado operativo militar Moneda. Adelante, cambio.

—**Puesto Uno:** Puesto Tres de Uno. Estamos esperando antecedentes. De ahí, una vez que los tengamos, se los transmitiremos. Fuera.

***

Al oriente de la capital, un avión caza subsónico F-80 parece rasgar las nubes grises que al correr de esa mañana han ido bajando, como si tuvieran un papel en el trágico reparto del golpe de Estado.

El sonido es agudo, como silbido de un reptil alado que anuncia muerte. Se deja caer desde el norte, con la lengua apuntando a tierra. Fsssss... sale disparado el cohete. Tres veces se repite la maniobra. De la casa presidencial de Tomás Moro sube la columna de humo gris.

¡Están bombardeando la casa de Allende! Los vecinos de la comuna de Las Condes observan boquiabiertos, desde patios y ventanas. Los niños más pequeños lloran, asustados por el ruido y el estruendo. Ahí viene de nuevo el avión, por cuarta vez, desde el sur.

Fssss... el *rocket* surca el cielo gris hacia el norte. No, el blanco ya no es la casa presidencial. ¿A qué le están disparando? La pregunta se quedará sin respuesta. No habrá explicaciones.

***

—**General Pinochet:** ¿Cómo va el problema Moneda?

—**Vicealmirante Carvajal:** ... con el general Arellano. Se ha hecho un cese del fuego para darles chance a que se rindan, van a salir por Morandé 80 Flores y Puccio. Le dije que las condiciones eran rendición incondicional. La única garantía que se le da es que se le va a respetar la vida. Pero no le...no le... he dicho nada más de avión ni de ninguna otra cosa.

—**General Pinochet:** Conforme. Dime lo siguiente ahora...(falla en la comunicación)...caballero, el señor Allende...

—Vicealmirante Carvajal: ...para que posteriormente decida la Junta su destino.

(Puesto Tres —enlace— dificulta la audición con in-
terjecciones).

—General Pinochet: Dime, ¿y Allende? ¿Salió o
no salió?

—Vicealmirante Carvajal: No, no ha salido, pero
lo que dice Flores es que quiere obtener unas condiciones decorosas para la entrega de... de Allende.

—General Pinochet: ¡No hay ninguna condición
decorosa! ¡Ese hijo de puta qué se ha imaginado, viejo!
La única con... lo único que le deseo es respetarle la vida
y todavía hacemos mucho. No es... ninguna cosa. Y bien
claro, Patricio, por favor.

—Vicealmirante Carvajal: No hay ninguna otra
condición que esa. Se le respeta...

—General Pinochet (interrumpe): Sin condición.
¡Qué vienen a poner condiciones decorosas! ... lo único
que no ha conocido es el decoro y viene ahora a pedir.

—Vicealmirante Carvajal: Ya, conforme, así con
esas instrucciones el ... el general Arellano va a mandar
un oficial con una patrulla a tomarlos presos.

–**General Pinochet:** Conforme, conforme... Oye, hay un problema que es lo siguiente. ¡Alo, Patricio! ¿Me oyes, Patricio? Aló, Patricio, ¿me oyes?

–**Vicealmirante Carvajal:** Sí, te escucho bien. Adelante.

–**General Pinochet:** Lo siguiente. La embajada cubana está rodeada porque dispararon con una ametralladora. En consecuencia, hay que avisarle al embajador, llamar por teléfono y decirle lo siguiente. Dispararon sobre la tropa. En consecuencia, para evitar problemas internacionales, se servirá considerar que tienen de inmediato un avión a disposición para que se manden cambiar para su país. Y rompemos relaciones con Cuba. Punto.

***

Un vehículo blindado avanza por calle Morandé. Se detiene junto a la puerta lateral del palacio. Hay gritos y disparos cuando vuelve a asomar el trapo blanco. Esta vez cuatro hombres, uno tras otro, salen para encaramarse al móvil verde oliva. Parten en dirección al sur, al Ministerio de Defensa, dos cuadras hacia el sur. Ellos creen que van a parlamentar. Flores, Vergara, Puccio padre y Puccio hijo. No saben que ya son prisioneros políticos.

***

—**Vicealmirante Carvajal:** Aquí están actualmente Flores con Puccio y con '*barnabás*' Vergara. Entonces, el secretario Puccio este trae una serie de condiciones de Allende, que yo le dije que eran inaceptables. Pero lo que aquí los auditores y todos los asesores han recomendado mucho es que no sería conveniente... sería conveniente pensar más antes de darle la oportunidad de que Allende salga del país. Porque se dice...¿ah? ... se teme... de que este hombre se va a pasear por todos los países socialistas desprestigiándonos a nosotros. Así que sería más conveniente dejarlo aquí...

—**General Pinochet:** Ya nos ha desprestigiado una brutalidad este campeón, ¡qué más nos va a desprestigiar! ...que siga no más en los países socialistas, en otras partes no lo van a recibir.... ¡Aló, Patricio, Patricio! ¿Me oyes? ... Mira, no, si no se le puede aceptar ninguna cosa. Hay que emba... hay que *tirarlo p'a* fuera no más, ¡si es más problemático tenerlo aquí adentro! ... ¡Déjalo que salga!

—**General Leigh (interviene desde Puesto Dos):** ...en los países socialistas o marxistas, nos tendría sin cuidado. Pero si lo tenemos en el país, va a ser centro de atracción y un foco para las masas, que va a ser explotado por (inentendible) que van a seguir operando en Chile por un tiempo más o menos largo. Yo por eso pref...

—**General Pinochet (interrumpe):** Mira, oye Patricio, sería una debilidad nuestra... (comunicación se dificulta)... Dime si les da más (inentendible)... tenerlo veinticuatro horas más acá adentro.

–General Leigh (vuelve a intervenir en el diálogo Pinochet-Carvajal): Es inaceptable, entonces hay que proceder a detenerlo.

–General Pinochet: Todos ustedes son muy civiles. ¡No entienden el problema militar, viejo! ... (voz de un ayudante dice: "no quiere que salga para afuera a desprestigiar al Ejército")...¿Me oyes, Patricio?

–Vicealmirante Carvajal: Sí, se oye bien. Entonces, vamos a proceder a detenerlo con la condición de que se le respetaría la vida y se le permitiría salir en el avión, él y su familia.

–General Pinochet: Conforme, conforme, eso es lo que quiero yo.

–General Leigh (interviene nuevamente): Eso es correcto.

–General Pinochet: Y de inmediato.

–General Leigh: Y que lo puede acompañar el señor Puccio, lo puede acompañar el señor Puccio...

–General Pinochet: ...porque tenemos oportunidad de desprestigiarlo después nosotros ... de arrancar...

—**Vicealmirante Carvajal:** Ya, conforme.

—**General Leigh:** Ya, conforme.

—**General Pinochet:** Oye, y los otros dos señores que están ahí, ¿cuáles son? ¿Barnabás, Flores y otro más?

—**Vicealmirante Carvajal:** Barnabás y Flores están aquí.

—**General Pinochet:** A esos gallos déjalos presos, oye.

—**Vicealmirante Carvajal:** Los vamos a detener.

—**General Pinochet:** Conforme, conforme. Pero al señor Allende, que salga de inmediato. Cuando salga (inentendible).

***

Cuando se empezó a quemar el Salón Carrera, se rompió una vitrina y alguien rescató el original de la Independencia de Chile, un pergamino firmado por O'Higgins, Zenteno y la primera Junta de Gobierno.

—Recuerdo el momento en que alguien le pasa el pergamino al Presidente Allende. Y él lo retuvo en su mano hasta el final— recuerda el detective David Garrido.

Cada minuto parece una eternidad. Respirar, respirar. Ya no hay rincón donde buscar una bocanada de aire libre del humo y las bombas lacrimógenas que entraron por las ventanas. No hay máscaras antigases para todos. Las pocas se pasan de mano en mano, de boca en boca, para hallar alivio por algunos segundos. Paños mojados cubren narices y bocas, en un vano intento por evitar el sofocamiento. Los ojos enrojecidos, los rostros pálidos y desencajados. La resistencia ha llegado al límite de las fuerzas.

El periodista Jorquera busca una llave de agua. Se desliza hacia la cocina del primer piso, abre el caño del lavaplatos. Siente un ruido en la pieza vecina. Un ruido raro. Abre la puerta. Y ahí está Augusto Olivares, asesor y amigo del Presidente, director de prensa de Televisión Nacional. Augusto Olivares Becerra, a quien todos sus amigos decían "El Perro". Sentado, la metralleta entre las manos, agonizando...

—¡Se mató "El Perro", se mató "El Perro"! ...

Los gritos de Carlos Jorquera parecen aullidos de animal herido. Se imponen por sobre las balas, por sobre el crujido de los maderos que ceden al fuego. Recorren el ala oriente del Palacio, se cuelan por salones y oficinas humeantes. Paralizan por un instante a los sobrevivientes de La Moneda.

—¡Se mató "El Perro", se mató "El Perro"!...

Los médicos corren. ¿De dónde salen los gritos? ¡Aquí, aquí!, grita alguien. Llegan al primer piso, comedor del personal de La Moneda.

—Estaba en una silla. Lo bajamos al suelo. Le tomé la cabeza y su sangre manchó mi camisa. Estaba agonizando. Se había disparado en la sien. Murió unos segundos después —recuerda el doctor Jirón.

El Presidente, la Payita y otras personas observan, en silencio, a pocos metros. "Presidente, está muerto. Ya no hay nada que hacer", dice alguien.

Silencio horadado por las balas que siguen haciendo blanco en el palacio. Un silencio que sólo rompe, en esa habitación, el llanto del "negro" Jorquera ante el cadáver de su amigo. El Presidente no saca los ojos del cuerpo inerte.

—Nunca se me olvidará su cara de angustia y tristeza al ver sin vida al amigo querido —recordó la Payita más tarde, en el exilio.

—Un minuto de silencio. Hagamos un minuto de silencio. Que sea nuestro homenaje —dice el Presidente.

Tras el silencio, salen del cuarto, cierran la puerta. La noticia de la muerte de Olivares se esparce con el humo por el ala oriente del Palacio. ¿Y ahora qué?

"El Presidente dice que nos rendimos. Vamos a salir". La voz se corre en el pasillo, entre toses y carraspeos del grupo. Parecen fantasmas en medio de una niebla nauseabunda que oprime los pulmones.

En la medida que se van enterando, lo buscan con la mirada para rastrear el gesto que confirme la noticia. Él asiente con ceño adusto. Ellos necesitan creer que es cierto. Hasta la Payita parece creerlo.

—Salimos todos ahora. Vamos a avisar que salimos todos. A ver, a ver, ordenemos la salida. ¡Dejen aquí las armas, todas las armas! La Payita primero...

—¿Y usted, Presidente?

—Yo salgo al último, no se preocupe.

Una máscara antigases pasa de mano en mano. El Presidente llama a Eduardo Paredes.

—Coco, entrégale esto a la Payita. ¡Cuidado, que es el Acta de Independencia!

Él se mueve para cumplir el encargo. La Payita lleva puesta la chaqueta del periodista Augusto Olivares. La ha tomado, de junto al cadáver, para llevarla a manos de su mujer, la actriz Mirella Latorre. La vieja chaqueta tiene los bolsillos llenos de libretas de apuntes, llaves, monedas. No quiere sacar nada. Quiere llevársela intacta a la viuda. Opta por enconder en una manga el pergamino enrollado.

Salir, salir. El fuego asoma ya muy cerca, el humo se hace denso. Moriremos ahogados en humo. Hay que salir...

—Yo no tenía máscara antigases y, como me ahogaba mucho, el colega Douglas Gallegos y otros se sacaban sus máscaras y me la pasaban por algunos instantes. Era insoportable. Nos estábamos ahogando —recuerda el detective David Garrido.

* * *

—**General Pinochet:** Uno llamando a Cinco, Uno llamando a Cinco, Uno llamando a Cinco. Adelante, cambio.

—**Puesto Cinco:** Este es Cinco, cambio.

–**General Pinochet:** Otra cosa. El almirante Carvajal, es decir, Patricio... Augusto llama a Patricio, Augusto llama a Patricio... Patricio, mira, mientras más luego es mejor. Que se vaya el Presidente y con todos los gallos que quieran acompañarlo a él, menos esos que tú designaste que no se les podría mover porque se les va a juzgar... ¿Entiendes, Patricio?

–**Vicealmirante Carvajal:** Augusto, en estos momentos, me avisaron por teléfono de La Moneda que cesaron el fuego porque se rinden sin condiciones.

–**General Pinochet:** Conforme, conforme.

–**Vicealmirante Carvajal:** Así que...

–**General Pinochet (interrumpe):** De La Moneda al avión...

–**Vicealmirante Carvajal:**... fuego y va a ir una patrulla militar a detener a la gente que se rinde.

–**General Pinochet:** De la Moneda al avión.

–**Vicealmirante Carvajal:** Adelante, cambio.

–**General Pinochet:** Oye, de La Moneda al avión, viejo, no lo ... no lo hagan... no lo paseen más. Y *fondeadito altiro* para que no haya problemas.

—**Vicealmirante Carvajal:** Conforme, pero el avión sería para él y familia ¡exclusivamen-te! Nadie más.

—**General Pinochet:** Conforme, nadie más... ¡Ningún GAP! No le vayan a meter un GAP ahí, pues (risas de ayudantes)... A esos hay que juzgarlos a todos.

—**Vicealmirante Carvajal:** Conforme.

—**General Pinochet:** Y que lo lleven escoltadito porque nos lo pueden quitar.

—**Vicealmirante Carvajal:** Conforme.

—**General Leigh (Puesto Dos):** En estos momentos deben estar por llegar dos helicópteros artillados que van a barrer los techos donde están las ametralladoras en el Ministerio de Obras Públicas y Banco del Estado. Dos helicópteros nuestros van a abrir fuego dentro de unos minutos. Segundo, te ruego que dejes detenido en el Ministerio de Defensa de inmediato a Fernando Flores y a Barnabás. Que queden detenidos en el Ministerio. Y devuelve como emisario solamente a Puccio, solamente a Puccio. Tercero, es conveniente proclamar... (se interrumpe) al país... y su salida. Cambio.

—**Vicealmirante Carvajal:** Tenemos a los tres detenidos aquí.

—**General Leigh** : Conforme, es conveniente proclamar al país, proclamar al país... y los helicópteros van a seguir haciendo fuego sobre el Ministerio de Obras, sin perjuicio de las tropas que estén abajo porque no tienen ningún cuidado. Cambio.

—**Vicealmirante Carvajal:** Ya, conforme.

—**Puesto Uno (Peñalolén-Ejército):** Correcto, pero puntualizando que este ataque es solamente sobre los techos de los edificios antes indicados.... Correcto, nos interesa básicamente también la hora en que sería este ataque, para coordinarlo con la acción terrestre.

—**Puesto Tres (Escuela Militar-enlace):** ¿Me copió Puesto Dos?

—**General Leigh (Academia de Guerra Fach):** Puesto Dos bien escuchado, Puesto Dos bien escuchado. Informe al general Pinochet, informe al general Pinochet que helicóptero está por salir del Grupo Diez, helicóptero artillado va a hacer fuego sobre los techos, sobre los techos de Obras Públicas y Banco del Estado. Estimamos de quince a veinte minutos, cambio.

—**Puesto Uno (Peñalolén-Ejército):** Conforme, recibido.

—**Puesto Dos (Academia de Guerra Fach):** Aquí Puesto Dos para Puesto Cinco. Habla Gustavo, cambio.

—**Vicealmirante Carvajal:** Gustavo, de Patricio, aquí en... en el Comando de Guarnición, estiman de que sería conveniente, antes de que se vaya Allende, exigirle que firme su renuncia. Ehhh... yo estoy de acuerdo con esa idea. Entretanto, están saliendo en este momento, están saliendo por Morandé 80 algunas personas. Suponemos que está Allende entre ellos... Así que por el momento los vamos a detener a todos y se redactaría la renuncia correspondiente. Solicito conformidad.

—**General Leigh (Academia de Guerra Fach):** Aquí general Leigh para Patricio. Conforme, conforme, si él voluntariamente lo hace y se allana. Para mí... para mí ese es un detalle, para mí ese es un detalle. Y los peruanos, cuando salió Belaúnde, no lo consideraron para nada. Pero si él la firma, conforme. Pero si se niega a firmarla, ustedes ¿qué van a hacer? Lo importante es que salga del país, a mi juicio. Cambio.

—**Vicealmirante Carvajal:** Conforme. Vamos a procurar que firme la renuncia. Si no, posteriormente se enviaría a la... a Cerrillos para que salga en el avión.

—**General Leigh:** Conforme, Patricio.

—**Vicealmirante Carvajal:** Yo creo que la salida del avión no va a poder ser tan inmediata, si se le está dando la oportunidad que viaje con su familia. Porque en llegar Allende y en juntarse con su familia en Cerrillos, me parece que va a pasar por lo menos una hora. Adelante, cambio.

—**General Leigh:** Conforme, conforme. Yo encuentro que hay que poner horas tope, horas plazo, no nos venga a llegar la noche y tengamos dificultades. Yo le puedo poner un helicóptero de inmediato en la Escuela Militar para que embarque a toda su gente y los lleve al aeropuerto. Pero no nos fijemos mucho si, por último, nos llega la hora de la oscuridad, este hombre sube sólo y se queda la familia en Chile. Pero con esa *troche y moche*, pueden buscar la oscuridad para hacernos cualquiera jugada. Yo puedo poner un helicóptero, en diez minutos puedo poner un helicóptero presidencial en la Escuela Militar y ahí se embarca la familia o él solo de inmediato. Cambio.

—**Vicealmirante Carvajal:** Conforme. Yo creo que sería conveniente disponerlo de todos modos porque, si no, se va a demorar mucho esto. ¿Qué hora límite le podríamos fijar?

—**General Leigh:** Yo estimo, Patricio... yo estimo, Patricio, que hora tope para despegar con él son las cuatro de la tarde. Las cuatro de la tarde ¡y ni un minuto más! Cambio.

—**Vicealmirante Carvajal:** Perfectamente, así lo vamos a hacer. Ehhh... terminado por mi parte.

–**General Leigh:** Muy bien, Patricio.

***

–Iba saliendo de los últimos. Creo que me quedé atrás –recuerda el doctor Jirón– porque, a esa altura, yo ya funcionaba automáticamente. Y como soy alto, siempre quedé atrás, de los últimos, en las filas del colegio. No tengo otra razón para explicar por qué me quedé de los últimos en esa fila de personas...

Estaba atrás, muy cerca del Presidente. Ahí estaba también el doctor Patricio Guijón, quien había retrocedido para buscar una máscara antigases. Y Enrique Huerta, el Intendente de Palacio. Y el detective David Garrido. Nadie lo vio sentarse en el sillón de terciopelo rojo del llamado Salón Independencia.

El doctor Guijón dice que alcanzó a ver cómo se movía el cuerpo, en un espasmo vertical. Subió y bajó. El doctor Jirón dice que no escuchó el disparo. Se le mezcló con la balacera que arreciaba en la calle. El detective Garrido dice que lo escuchó gritar "¡Allende no se rinde!". Todos coinciden en que Enrique Huerta gritó luego "¡el Presidente ha muerto!" Eran las dos y cuarto de la tarde.

–Entré y lo vi. La metralleta entre las piernas, la cabeza despedazada. Muerto. Ví a Enrique Huerta tomar una metralleta y decir algo, muy alterado, algo así como que iba a salir armado y disparando de La Moneda. Alguien lo toma y lo calma. Hay instantes de confusión. Sólo sé que veo al doctor Patricio Guijón, cabizbajo, sentarse en un sillón, cerca del Presidente. Yo estoy anonadado. Y no sé cómo llego de nuevo a la fila que baja la escalera –recuerda el doctor Jirón.

"¡El Presidente ha muerto!". Las cuatro palabras se repiten escalera abajo y llegan hasta los oídos de la Payita. En medio de la confusión, ella sólo sabe que debe retroceder y subir. Peldaño a peldaño, subir y verlo. Está a punto de entrar al Salón Independencia cuando un hombre del GAP se le cruza enfrente y la detiene.

–¡No, no! No puede entrar. El doctor no hubiera querido que lo viera así –dice él en un tono más de ruego que de mando.

Ella se lo queda mirando con sus ojos claros, en un instante de silencio que parece eterno y que encierra todo el dolor de la separación. Es verdad, no hay error, él está muerto. El guardia la toma por los hombros y la conduce escaleras abajo. Ella no puede ni quiere oponer resistencia.

"¡El Presidente ha muerto!" Es la voz que el doctor Jirón sigue sintiendo resonar en su interior mientras termina de bajar por la escalera, sale por la puerta de Morandé 80 y siente en su espalda el culatazo que lo pone contra la pared.

***

–**General Pinochet**: ¿Salió Allende, ya se fue?

–**Vicealmirante Carvajal**: Están saliendo algunas personas. Mandé a... a personal de Inteligencia a que me averiguara los nombres de las personas principales que están saliendo de allá.

—**General Pinochet**: ¿Están saliendo presos? ... ¿en calidad de detenidos?

—**Vicealmirante Carvajal**: En calidad de detenidos están saliendo, sí.

—**General Pinochet**: Oye, otra cosa, Patricio. Yo creo que tenemos que juntarnos los tres Comandantes en Jefe y el Director General de Carabineros, junto con... para hacer una declaración en conjunto, oye... Una vez que salga el señor Allende fuera.

—**Vicealmirante Carvajal**: Sí... se va, se... estamos preparando la información tan... para darla tanto por telecomunicaciones militares como por una información radial, expresando que se ha rendido Allende y... las otras personas que se rindan, las personas principales que se rindan.

—**General Pinochet**: Conforme.

—**Vicealmirante Carvajal**: Eh... Gustavo Leigh me dijo que iba a poner un helicóptero para traer a la familia de Allende hasta Cerrillos, para que ahí tomen el avión y salgan antes de las cuatro de la tarde.

–General Pinochet: Conforme, conforme. Después de las cuatro, yo creo que tipo cinco, cinco y media, la reunión de los Comandantes en Jefe y el Director de Carabineros... Canal Trece viene para acá también (se refiere a la estación de televisión de la Universidad Católica de Santiago).

***

Los disparos en la calle continúan. No los escucha el doctor Patricio Guijón, quien se ha quedado inmóvil, con la vista fija en la alfombra, junto al cuerpo del Presidente. Con la máscara antigases en la mano, el "Pachi" parece inmune al humo que transforma la sala en un espacio donde el tiempo se ha detenido.

El humo, en gruesas columnas, asciende al cielo desde La Moneda, desde la residencia presidencial en la comuna de Las Condes, desde otros edificios céntricos. Al gris de las nubes bajas y al rastro gris que sube en volutas desde los edificios bombardeados, se suman miles y miles de hilos humeantes casi invisibles. En chimeneas y tinas de baño, en lavaplatos y rincones de patio, se queman revistas, libros, libretas y papeles. No dejar rastro comprometedor. Es la orden silenciosa que se dan cientos de miles de ciudadanos al mismo tiempo.

***

General Leigh: Puesto Dos, Gustavo para Patricio. Deseo saber cómo va la gestión para embarcarlo en la Escuela Militar y si me confirman, que pongan helicóptero en la Escuela Militar. Cambio.

—**Vicealmirante Carvajal:** Ehhhh... ha salido de... de La Moneda una cantidad de gente, pero todavía no me han confirmado si entre ellas está Allende. Parece que no. Ehhh... Actuamente se está disparando intensamente, porque se está reduciendo a francotiradores que hay sobre todo el Ministerio de Obras Públicas. Así que están actuando los helicópteros y está actuando la Infantería. En este momento se acaba de producir un cese del fuego. Espero que ahora se pueda producir la salida de Allende.

—**General Leigh:** Puesto Dos para Puesto Cinco. Van dos helicópteros más artillados, van dos helicópteros más artillados, a abatir esos edificios. Yo voy a mandar de todas maneras el helicóptero presidencial de inmediato a la Escuela Militar. Me interesa que tú le avises a la Escuela Militar de que va a llegar el helicóptero y va a esperar ahí hasta las cuatro, hora en que el Presidente debe tomarlo. Si no llega a las cuatro, yo a ese helicóptero lo retiro y el Presidente queda preso esta noche. Cambio.

—**Vicealmirante Carvajal:** Ya, así que entiendo que a Allende habría que llevarlo no a Cerrillos, sino que de aquí a la Escuela Militar. Y allá se juntaría con su familia y partiría a Cerrillos.

***

Junto a la puerta de Morandé 80, los soldados van empujando a culatazos y golpes a los sobrevivientes de La Moneda. ¡Manos en la nuca! Las órdenes militares resuenan en la calle. ¡Pegados a la pared, abran las piernas! ¡Rápido, rápido!

Un soldado exige a la Payita sacarse la chaqueta de hombre. Obviamente no es suya. Encuentra el pergamino dentro de la manga. El inspector Seoane, que está muy cerca, escucha su grito.

—¡No, soldado, no! Es el Acta de la Independencia, soldado, ¡no la rompa! —exclama Miria Contreras, a quien todos llamaban Paya o Payita.

Ya está rota. Los trozos de pergamino caen al suelo, a la vereda cubierta de vidrios rotos y cascotes de los muros. Ella se los queda mirando, pero tiene los ojos del corazón puestos en la puerta, en la esperanza de que no sea cierto, de que todo sea una pesadilla, de que él esté vivo aún.

***

—**Vicealmirante Carvajal:** ...y carabineros allá.

—**General Pinochet:** Primero un escuadrón con ... con bombas lacrimógenas y el elemento se despeja. No se aceptan por ningún motivo grupos porque estamos en Estado de Sitio.

—**Vicealmirante Carvajal:** Conforme, conforme. Lo vamos a ordenar inmediatamente.

–**General Pinochet:** Ya. Otra cosa, Patricio, otra cosa.... ¡Aló, aló, Patricio!

–**Vicealmirante Carvajal:** Adelante, te escucho.

–**General Pinochet:** Mira, es conveniente tirar una... una proclama por la radio. Que hay Estado de Sitio, en consecuencia no se aceptan los grupos. La gente tiene que andar en sus casas, porque se arriesgan de que sean... sean... se encuentren en un problema y puedan caer heridos. Y no hay sangre para salvarlos.

–**Vicealmirante Carvajal:** Conforme, vamos a lanzar la proclama por la radio.

–**General Pinochet:** Conforme.

*** *** ***

Los obligaron a tenderse sobre el pavimento. ¡Manos en la nuca, piernas separadas! ¡No moverse! ¡Al primero que se mueva, lo mato!

–Había soldados que pedían permiso para matarnos. Decían: "Mi teniente, deje que mate a estos comunistas, les reviento la cabeza aquí mismo en la calle" –recuerda el inspector Seoane.[7]

–Quedé tendido al lado de Eduardo Paredes, médico, quien había sido director de Investigaciones. Lo recuerdo muy nítidamente porque él trató de sacarse el carné de identidad y pasármelo a mí. De inmediato le empezaron a pegar y, para hacerlo, se subieron arriba de mi espalda. Ellos no sabían quién era, lo hicieron sólo porque se movía —relata el detective David Garrido.

***

–**General Nicanor Díaz Estrada (Fach):** No. Mi general, está La Moneda totalmente rodeada, no hay posibilidad de que salga nadie.

–**General Pinochet:** El Presidente Allende, ¿está metido ahí o ya se fugó? ... ¿seguro que está el señor Allende ahí?

–**General Díaz Estrada:** Temo... temo que el Presidente está en La Moneda. O lo que queda de él. Cambio.

–**General Pinochet:** Conforme.

–**General Díaz Estrada:** Terminado.

***

Disparos aislados de francotiradores ponen en peligro a los soldados en la vereda poniente de Morandé. ¡Levantarse, rápido, al frente, al frente! Los prisioneros se incorporan. ¡Manos en la nuca! Cruzar corriendo. Alguien da órdenes en un tono distinto. Es un alto oficial de porte elegante y ademanes serenos que contrastan con la brutalidad de la soldadesca. Es el general Javier Palacios.

***

—**General Leigh:** Puesto Cinco, Nicanor Díaz. Misión en Tomás Moro, terminada. Misión en La Moneda está terminada. Necesito que me informes qué está haciendo ahora el Ejército. Cambio.

—**General Díaz Estrada:** En este momento, el Ejército ava... avanza sobre La Moneda por los dos... por el norte y por el sur, próximo a llegar... estoy esperando una información detallada de si ya llegaron a La Mone... a la puerta de La Moneda o no. Cambio.

—**General Leigh:** Puesto Cinco de Puesto Dos. Bien escuchado. Le ruego mantenerme un informe más completo más adelante. Cambio.

—**General Díaz Estrada:** Conforme, mi general, estoy esperando la respuesta de la Segunda División para poder informar en detalle a usted y al señor general Pinochet que está preguntando lo mismo. Cambio.

—**General Leigh:** Conforme, Puesto Cinco de Puesto Dos. Envíe bomberos, envíe bomberos al Hospital Fach. Cambio.

—**General Díaz Estrada:** Conforme, mi general, le envío bomberos al Hospital Fach.

—**General Leigh:** Puesto Dos terminado.

—**General Díaz Estrada:** Terminado.

***

Se quema un pabellón del Hospital de la Fuerza Aérea, ubicado en la avenida Las Condes. Ahí está la respuesta para el misterioso *rocket*. Las nubes bajas que oprimen a la capital chilena, que parecen ponerle una tapa oscura a la cuenca rodeada de montañas, le hicieron perder el rumbo al piloto del F-80.

Ha disparado una bomba contra el hospital de su propia institución. Fuego, humo, destrucción y muerte: los gritos claman por auxilio.

***

—**Vicealmirante Carvajal:** Aquí Patricio, adelante.

—**General Pinochet:** Mira, Patricio, lo siguiente. Hay que lanzar un bando diciendo que no existe gobierno. El gobierno es gobierno militar. En consecuencia, la gente tiene que atenerse a lo que diga el gobierno militar. Porque hay gente que no quiere entregar sus puestos. Segunda cosa, vamos a mandar un bando a ... te lo voy a hacer llegar allá, para... que se refiere a los extranjeros, que están en posición ilegal o bien que han ingresado en forma ilegal, tienen que presentarse a las comisarías... ¡A la prensa, no! ... Oye, aló, aló... Ninguna circulación de prensa por el momento, viejo, ¿ah? Terminado.

—**Vicealmirante Carvajal:** Conforme

***

El general Javier Palacios da la orden. Los soldados entran a La Moneda. Tenidas de combate, armas en la mano y listas para disparar. Ante cada puerta, un pelotón se parapeta, la bota empuja la hoja y, tras unos segundos de cautela, se allana la habitación.

El humo oscurece los espacios. Los oficiales gritan órdenes. El general Palacios constata la destrucción del bombardeo. Se ordena rescatar la espada de O'Higgins. Tras una puerta, sorpresivamente asoma un hombre del GAP y dispara. Morir luchando debió ser lo que se propuso para ese día. Decenas de balas prácticamente despedazan su cuerpo. El guardia del Presidente alcanzó a herir gravemente a un sargento. Y también hiere al general Palacios. Es sólo un rasguño. La bala rebotó en un casco y rozó la mano del general.

—General, tome mi pañuelo mientras conseguimos una venda —dice el teniente Armando Fernández Larios.

El general agradece. El teniente le cubre la mano y siente que, al fin, está en un campo de batalla real. Quizás fue entonces cuando se propuso ser un oficial modelo en los nuevos tiempos que nacían ese día. Quizás fue en ese momento cuando su destino marcó el rumbo sangriento que lo llevaría a ser un agente criminal de la DINA.

—¡General, general, aquí, aquí!

Los gritos llevan al general Palacios hacia una sala. Un soldado lo conduce, tres lo escoltan. Se abre ante él un cuadro inesperado. Ve primero al soldado apuntando su metralleta hacia un hombre que está con las manos arriba. Ve luego un cuerpo sentado en un sillón rojo, con el cráneo despedazado.

—Dice que es el Presidente... que es Allende —balbucea un soldado.

El general Palacios no da crédito a lo que ve. Siente náuseas ante la escena. Las debe contener. Ahí está el arma, entre las piernas del cadáver. ¿Será el Presidente? Media cabeza ha desaparecido y todo indica que está desperdigada entre los restos sanguinolentos que se ven en la pared y los muebles. La parte que resta está cubierta de sangre, imposible de reconocer.

—Y, usted, ¡identifíquese!

—Guijón, soy el doctor Patricio Guijón...

—¿Qué pasó aquí?

—El Presidente... el Presidente se suicidó —dice él quedamente.

—¡Queda detenido mientras esto se aclara!

Los soldados sacan a Guijón de la sala. Y el general Palacios se queda mirando el reloj que asoma en la muñeca izquierda del cadáver. Lo reconoce. Es el fino *Galga Coultre* que una vez admiró en el brazo del Presidente.

Sale del recinto y pide el equipo de radio portátil. Llama a la comandancia de la guarnición, en el Ministerio de Defensa. Lo atiende el general Nuño. Informa en pocas palabras, en tono seco: "Misión cumplida. Moneda tomada. Presidente muerto".

Corta la transmisión y observa al médico, pálido y desencajado, que apenas se sostiene en pie. Le cree. Algo le dice que este hombre es un médico que sólo cumplía con su deber. Como él cumple el suyo. Y se pone en su lugar por un instante.

—Tranquilo, hombre, tranquilo. Llame a su casa y tranquilice a su gente. A ver, teniente, consígale un teléfono...

En ese momento, un soldado le avisa que lo llaman por la radio. En el Ministerio de Defensa, el vicealmirante Carvajal necesita saber cómo murió el Presidente. El general Palacios le informa lo que sabe. Y se calla lo que siente. "Allende cumplió con su deber. Eso no lo puede discutir nadie. Su gesto fue un acto de hombría, el de un valiente", declaró años más tarde.[8]

***

—**Vicealmirante Carvajal:** Gustavo y Augusto, de Patricio. Hay una comunicación, una información de personal de la Escuela de Infantería, que está ya dentro de La Moneda. Por la posibilidad de interferencia, la voy a transmitir en inglés. *They say that Allende comitted suicide and is dead now.* Eh... Díganme si entienden...

—**General Pinochet:** Entendido.

—**General Leigh:** Entendido perfectamente. Cambio.

—**General Pinochet:** Habla Augusto.

—**Vicealmirante Carvajal:** Respecto al avión para la familia, no tendría urgencia entonces esta medida. Entiendo que no tendría urgencia en salir la familia inmediatamente.

—**General Pinochet:** Que se... que lo echen en un cajón y lo embarquen en un avión, viejo, junto con la familia. Que el entierro lo hagan en otra parte, en Cuba ... vamos a tener una pelota para el entierro. ¡Si este gallo hasta para morir tuvo problemas!

—**Vicealmirante Carvajal:** Conforme. La información esta... se va a mantener reservada, entonces...

—**General Pinochet (interrumpe):** Conforme.

—**Vicealmirante Carvajal:** ...se va mantener reservada.

—**General Pinochet:** Vuelvo a decir, Patricio. El avión, échalo en un cajón, se embala y se manda a enterrar a Cuba. Allá lo van a enterrar.

—**Vicealmirante Carvajal:** Gustavo, espero tu conformidad. Tu comprensión.

—**General Leigh:** Patricio, todo entendido, todo entendido. Yo retiro helicóptero y esperamos noticias posteriores. Dime si se mantiene siempre la reunión a las dieciocho horas Peñalolén. Cambio.

—**Vicealmirante Carvajal:** Bien. Augusto, de Patricio.

—**General Pinochet:** Te escucho.

—**Vicealmirante Carvajal:** (Merino)... informó que no alcanza a llegar a las 17.30 y solicita hacer la reunión a las 18 horas.

—**General Pinochet:** Conforme, conforme.

—**Vicealmirante Carvajal:** Conformidad...

***

Los sobrevivientes de La Moneda quedan tendidos en la vereda, a los pies del edificio del Ministerio de Obras Públicas. Desde el suelo, con las manos en la nuca, el detective David Garrido ve cómo se acerca un tanque por la calle. Escucha decir al oficial que se asoma por la torreta: "Permiso, mi general, para pasarle el tanque por la cabeza a estos huevones".

—Di vuelta la cabeza para ver a quién se dirigía el oficial y vi al general Palacios, con su mano izquierda vendada y un fusil en la derecha. El tanque se movió y puso una oruga encima de la vereda. Cuando el tanque se puso en movimiento, la gente que estaba al interior del Ministerio de Obras Públicas, que observaba la acción desde las ventanas, comenzó a gritar, muy fuerte. Parece que esos gritos detuvieron al tanque a escasos centímetros de nuestros cuerpos. Todo parecía una pesadilla —recuerda el detective Garrido.[9]

***

—**General Pinochet**: ... es conveniente que consideremos que se pueden tener dos caminos. Un camino, que lo enterramos aquí en forma secreta. Y el otro, que lo echemos a enterrar a Cuba, *p'a* otra parte.

—**Vicealmirante Carvajal**: Yo creo que esta medida podría ser ... podría mantenerse la situación en reserva y ehhh... ver la medida que se va a tomar después de la reunión... en la reunión de las 18 horas.

—**General Pinochet**: Conforme, conforme. Esto se mantiene en secreto.

—**Vicealmirante Carvajal**: Bien, por mi parte, terminado.

—**General Pinochet**: Bien, lo mismo.

***

Frente a La Moneda, por calle Morandé, vuelve a arreciar el ataque contra los francotiradores apostados sobre el Ministerio de Obras Públicas y el Banco del Estado. En vuelos rasantes, los helicópteros disparan. Los prisioneros, tendidos en la vereda, encogen sus cuerpos como si la postura pudiera disminuir el riesgo de ser alcanzados por una bala. A los costados de la Payita, Eduardo Paredes y Enrique Huerta deciden protegerla. La cubren con sus cuerpos. Un soldado observa el movimiento de los prisioneros, se acerca y le ordena a ella que se tienda más allá, pegada al edificio, para protegerse con la cornisa.

—¡Tápese la cara con las manos! —ordena el soldado, quizás conmovido por su belleza.

Allí está ella, encogida en medio de la balacera, con el rostro bañado en lágrimas, cuando siente la bota que topa su costado.

—A ver, usted, ¿quién es? —escucha preguntar a una voz conocida.

Se descubre el rostro. Tiene sobre sí al doctor Jaime Puccio, dentista de La Moneda y del Ejército, primo del secretario privado del Presidente. Está con uniforme. Ella no contesta. Él no insiste. No es necesario.

—A ver, soldado, ayude a levantarse a esta mujer, ¡está herida! Llévela de inmediato a la ambulancia —ordena Puccio.

Ella y él, sin decir palabra, saben que de ello depende salvar con vida.

***

—**Puesto Uno (Peñalolén-Ejército):**... que salieron de La Moneda y fueron... y están en carácter de prisioneros. Cambio.

—**Puesto Cinco (Ministerio de Defensa):** Voy a consultar. Un momentito, por favor... (interferencia)...

la información. Me dice Patricio que cuando tenga la información se la va a comunicar verbalmente.

—**Puesto Uno**: Y, ¿a cargo de quién? Cambio.

—**Voz**: ...por cada miembro de las Fuerzas Armadas que sufran, que sean víctimas de atentados, a cualquier hora o cualquier lugar, se fusilarán a cinco de los prisioneros marxistas que se encuentran prisioneros. Cambio.

—**Puesto Uno**: ... que se prepare un boletín conteniendo estas ideas, ¿ah? Cambio.

—**Voz**: Perfectamente claro. Gracias.

***

Entre los sobrevivientes de La Moneda, tendidos en la vereda, un hombre emite quejidos entre fuertes espasmos. Está vomitando.

—¿Y a ése qué le pasa? —inquiere el general Palacios.

—Parece que tiene un ataque —vuelve diciendo el sargento que fue a indagar.

—¡Un médico! —ordena el general.

Se levantan varios de entre los prisioneros. Uno es elegido para examinar al hombre que se queja dolorosamente.

—Peritonitis, general, parece que es una peritonitis —informa luego.

El general ordena que lo trasladen a la ambulancia.

—General, ¿me permite? —dice en voz alta el doctor Guijón al comprobar la buena disposición del alto oficial.

—Diga...

—Como usted ya comprobó, aquí estamos varios médicos que cumplíamos funciones sanitarias en La Moneda...

—A ver, ¿cuáles son? ¡Levántense los médicos!

Se ponen de pie los doctores Oñate, Arroyo, Quiroga y Ruiz. El general ordena que queden aparte, incluido Guijón, de pie contra la pared del palacio. Unos minutos después pide atención médica para su mano, que sigue sangrando. El doctor Quiroga lo examina, curándolo con el botiquín de primeros auxilios que trae un soldado. El general decide dejarlos en libertad de inmediato. El doctor Arroyo intercede por sus colegas que no oyeron el llamado del general y siguen tendidos en la vereda, allá al frente.

—General, hay otros médicos. Lo que pasa es que no escucharon cuando usted nos llamó...

—A ver, ¿cuáles son?

—Los doctores Soto, Bartulín y Jirón...

—Llámelos acá...

"Así fue como nos salvamos. En mi caso, un oficial me reconoció como ex Ministro de Salud y el general Palacios ordenó que me llevaran al Ministerio de Defensa. El doctor Guijón quedó detenido aparte también, en su calidad de testigo clave en la muerte del Presidente.

El resto de mis colegas del equipo médico de La Moneda se fueron a sus casas", dice el doctor Jirón.

Ahí al frente quedaron tendidos los doctores Enrique Klein, Enrique París y Eduardo Paredes. Eran médicos, pero no estaban en La Moneda por su condición de tales. Quedarse les costó la vida.

***

–Puesto Uno (Peñalolén-Ejército): Dice el Comandante en Jefe lo siguiente. Es indispensable que, a la brevedad posible, los... los médicos jefes del Servicio de Sanidad del Ejército, de la Armada y de la Fach, y el jefe del Servicio Médico de Carabineros, más el médico legista de Santiago hagan, ehh... certifiquen la causa de la muerte del señor Allende, con el objeto de evitar que más adelante se nos pueda imputar, por los políticos, a las Fuerzas Armadas de haber sido (se aclara garganta) las que provocaron su fallecimiento. Esto interesa que sea a la brevedad y que (aclara garganta) usted se lo comunique a las respectivas instituciones. Diga si me ha entendido, adelante, cambio.

–Vicealmirante Carvajal: Conforme. Los médicos serían los directores de Sanidad de las tres instituciones, más el médico legista del Hospital Militar, entiendo.

–Puesto Uno: No, rectifico, rectifico. Los jefes del servicio médico de cada institución y además de Carabineros, y un quinto médico que sería el médico legista de

Santiago para que él dictamine la causa del fallecimiento. En conjunto con los médicos militares. Que hagan un acta.

—**Vicealmirante Carvajal:** Conforme, comprendido, está claro.

—**Puesto Uno:** Perfecto. Interesa que esto se haga a la brevedad. Terminado.

—**Vicealmirante Carvajal:** Bien, conforme, así se va a hacer.

***

El inspector Pedro Espinoza y el subinspector Julio Navarro —de la Brigada de Homicidios— reciben la orden de partir a La Moneda. Deben llevar todos los elementos para hacer un peritaje, incluido el experto planimetrista, un fotógrafo y el perito balístico. Un vehículo militar los lleva primero al Ministerio de Defensa. Sólo entonces se enteran de quién es el muerto.

—Lo asesinó un GAP —informa el general Brady.

Cuando llegan a La Moneda, entran al "sitio del suceso" y reciben una segunda y contradictoria versión.

—Se suicidó. Ustedes pueden comprobarlo —dice el general Palacios, en el Salón Independencia.

¿Asesinato, suicidio? Ya está tomando fotografías Juan Enrique Lira, de *El Mercurio*. Los detectives se comportan profesionalmente, pero muy dentro no pueden dejar de conmocionarse: están participando de un hecho histórico y en sus manos está el establecer la verdad de lo ocurrido.

Miden cada centímetro. Anotan cada detalle en su informe. Los bolsillos casi vacíos. Sólo una llave y un papel en blanco, con membrete de la Presidencia. El fino reloj en la muñeca, contrastando con el pequeño calendario de lata adosado en la pulsera. Las dos vainillas están muy cerca del cuerpo del Presidente. Tienen la sensibilidad endurecida para tratar con cadáveres estos detectives de la *Be-ache*. Esta vez algo se resquebraja en la invisible armadura.

Cuando dan por terminada la tarea, el general Palacios ordena que el cadáver sea cubierto con un chal multicolor que han hallado en una oficina. La Moneda se estremece con los derrumbes mientras el cuerpo del Presidente es cargado por los soldados, escaleras abajo. La ambulancia espera para llevarlo al Hospital Militar.

El subinspector Navarro escribe el párrafo final en su informe. "Causa probable de muerte: traumatismo encéfalo craneano por herida de bala de tipo suicida".

***

—**Puesto Uno:** Correcto, represente eso al (inentendible)... , por favor. De parte del Comandante en Jefe, además de las medidas que existen sobre radio y televisión, ehhh... no se aceptan, repito, nin...publicación de prensa de ninguna especie. Y aquella que llegara a salir, además de ser requisada, motivará la destrucción de las instalaciones en las que fue editada. Cambio... Ehhh, justamente el personal que trabaja allá en *Punto Final*. Todo el mundo ahí debe ser detenido. Cambio.

—**Puesto Uno:** De la Junta Militar de Gobierno a los comandantes de guarnición, unidades independientes y autoridades de las Fuerzas Armadas y Carabineros. A partir de este momento, procederán a arrestar a cualquier dirigente político o gremial y a cualquiera persona que no obedezca los bandos u órdenes emanadas de las autoridades militares. Las personas que sean arrestadas serán sometidas a proceso y, en caso que se les sorprenda con armas y/o explosivos, serán sometidas a los tribunales militares en tiempos de guerra. Cambio.

—**Puesto Tres:** Recibido conforme, completo.

***

Ya las calles están vacías en la capital. Sólo vehículos militares se mueven, lentamente la mayoría, en actitud de vigilancia. En la avenida Providencia, a la altura de Los Leones, los vecinos observan desde las ventanas de los edificios. Hay mucho movimiento en la entrada del Hospital Militar. Se va formando el equipo de legistas *ad hoc*. Los directores de Sanidad de los cuatro cuerpos uniformados. El doctor Mario Bórquez, por la Fuerza Aérea; el doctor Miguel Versin, por la Armada; el doctor Luis Veloso, de Carabineros; y el médico José Rodríguez Véliz, por el Ejército. Se agrega, por el Instituto Médico Legal, el doctor Tomás Tobar.

En la sala de Otorrinolaringología, la autopsia del Presidente va a comenzar. Hay tensión en el ambiente.

—Lo lamento, no estoy capacitado para asistir. Esperaré afuera —dice bruscamente el doctor José Rodríguez Véliz, del Ejército, y abandona la sala.

Los demás comprenden. Ya en la antesala, el doctor Rodríguez ha comentado que fue compañero de Allende en la Escuela de Medicina.

—Tiene un problema cardíaco —acota otro de los médicos.

El doctor Tobar es el legista experto. Los demás observan y colaboran sólo cuando es necesario. La autopsia se realiza casi en silencio. Sólo el doctor Versin habla, de tanto en tanto, para comentar el buen estado físico del Presidente. No hay rastros de su afección cardíaca. Hígado sano, corazón fuerte. Se ordenan los exámenes de rigor. No habrá rastro alguno de alcohol.

***

—**Puesto Uno: (Peñalolén-Ejército):** ...antecedentes sobre la situación de Salvador Allende. Nos decían de que lo habrían sacado de La Moneda. Enseguida, queremos saber si ya los... de... los jefes de servicios de sanidad con el médico legista hicieron el reconocimiento y el acta correspondiente. Enseguida, hay que tener cuidado porque no vaya a ser que lo quieran llevar a la... a la morgue para hacerle la autopsia y, enseguida, eso es peligrosísimo porque no se vaya...es un antro de extremistas y entonces no vaya a ocurrir que se traten de robarse el cuerpo. Adelante, cambio, Nicanor.

—**General Díaz Estrada:** Mira, no te puedo decir si ya salió de La Moneda, pero delante de mí Brady, hace aproximadamente una hora y media, dio la orden de trasladarlo en secreto, en ambulancia, al Hospital Militar. Y los jefes de sanidad de las tres Fuerzas Armadas y Carabineros, más el médico legista, fueron citados al Hospital Militar para ejecutar el... el examen y elaborar el acta. Entiendo que esa acta tiene que traerla aquí al Estado Mayor y no ha llegado todavía. Ehhh... creo que no han tenido tiempo de hacer el examen. En todo caso, el cuerpo va a quedar en el Hospital Militar hasta nueva orden. Cambio.

—**Puesto Uno :** Recibido conforme. Oye, Nicanor, hay que tomar las medidas de seguridad, dile a Herman Brady, de garantizar la absoluta seguridad del Hospital Militar en ese caso. Y cuando tengas información, por favor, la proporcionas para acá. Adelante, cambio, Nicanor.

—**General Díaz Estrada:** Perfecto, perfectamente comprendido. Voy a tomar contacto con Brady inmediatamente. Y una vez que tenga alguna nueva información, te llamo. Cambio.

—**Puesto Uno :** Gracias, Nicanor, terminado.

–General Díaz Estrada: Gracias. Hasta luego.

–Puesto Uno: ...ya. Conforme, déme lo que tenga hasta el momento a fin de tomar nota y después me lo completa. Cinco de Uno.

–Puesto Cinco: Conforme. Clodomiro Almeyda...

–Puesto Uno: A ver, momentito, momentito, dícteme lento. Cinco de Uno...

–Puesto Cinco: Orlando Budnevic, Edgardo Enríquez... Edgardo Enríquez, Alfredo Joignant... Alfredo Joignant, Ignacio Lagno...Ignacio Lagno, Gastón Pascales (Pascal)... Gastón Pascales, Daniel Vergara... Daniel Vergara, Eric Schnake... Eric Schnake... Vamos a ver si copió previamente, cambio.

–Puesto Uno: Vamos a ver, cinco de uno, he copiado Almeyda, Orlando Bundevic...

–Puesto Cinco:... de la lista, de los que no están en la lista: José Tohá, José Tohá... Jaime Tohá, Jaime Tohá... Aníbal Palma, Aníbal Palma... Carlos Briones, Carlos Briones... Jirón, Jirón, no se tiene nombre... Teplinski, Teplinski, tampoco se tiene el nombre... Puccio, Puccio... Flores, Flores... y Rolando Calderón, Rolando Calderón. Vamos a ver cómo copió. Adelante, cambio.

—**Puesto Uno**: Vamos a ver, Cinco de Uno. He copiado José Tohá, Jaime Tohá, Aníbal Palma, Carlos Briones, Alfredo Jirón, Benjamín Teplinski, Osvaldo Puccio...Flores y Calderón. Fernando Flores y Calderón. Cinco de Uno.

—**Puesto Cinco (Ministerio de Defensa)**: Conforme.

—**Puesto Uno**: Ya, entonces, queda atento, en cuanto usted tenga alguna novedad al respecto, me la comunica a fin de completar la lista. Cinco de Uno.

—**Puesto Cinco**: Cinco para Uno. Conforme.

—**Puesto Uno**: Cinco de Uno.

***

Los sobrevivientes de La Moneda ya han sido conducidos al regimiento Tacna, comandado por el coronel Luis Joaquín Ramírez Pineda. "Nos hicieron bajar de rodillas y a culatazos en el patio del regimiento. Ahí había dos ametralladoras punto 50 con los servidores listos para disparar. Nos pusieron a todos hincados a unos veinte metros de las ametralladoras. Llegó entonces un alto oficial. Después supe que era el comandante del regimiento, de apellido Ramírez. Gritaba como desaforado para desalojar una parte de atrás, donde había unos camiones y unos soldados. ¡Salgan todos de ahí!, ¡los vamos a fusilar de inmediato!, gritaba. Estaba muy mal ese comandante, muy fuera de sí", relató el detective David Garrido.[9]

—Se armó un alboroto tremendo porque el comandante del Tacna quería fusilarnos de inmediato. Daba gritos, órdenes y contraórdenes. Gritaba que éramos unos desalmados, que le habíamos hecho frente al general Palacios y lo habíamos herido, que había que fusilarnos de inmediato —recordó el detective Quintín Romero.

No, no los fusilaron ese anochecer. Les amarraron con alambres los tobillos y las muñecas y así, tendidos boca abajo, pasaron esa noche en las caballerizas del Tacna.

***

—**General Oscar Bonilla (Ejército):** Nicanor, aquí... aquí Oscar. Aquí Oscar para Nicanor. Adelante, cambio.

—**General Díaz Estrada (Fuerza Aérea):** Adelante, Oscar. Adelante, Oscar. Ehhh...Nicanor en el fono. Adelante, cambio.

—**General Oscar Bonilla:** Mira, Nicanor, ehhh... Es necesario que tú analices ahí con los auditores, aquí no tenemos ninguno, con el del Ejército, con el de la Fach, en fin, ojalá con todos los auditores, ehhh... si acaso es conveniente iniciar una investigación para determinar las causas del fallecimiento de este caballero. Porque, a lo mejor, lo mataron los GAP... y puede ser que a lo mejor después nos echen la culpa a nosotros... Y en este momento, estamos haciendo... se dispuso, como tú seguramente lo sabes, que los tres médicos jefes de servicios de sanidad, y más el médico legista, hagan (inentendible) una autopsia... (inentendible). Entonces, en base a eso, habría que ver si procede hacer una investigación. Porque como están en este momento todos los detenidos, listos para que puedan ser interrogados, entonces la investigación sería bastante fácil porque están todos los posibles inculpados en la mano...(inentendible). Entonces, el problema es si acaso correspondería que la justicia militar lo haga. En segundo lugar, si es conveniente o no, en base a lo que digan ... ustedes. No sé si me he explicado bien. Adelante, cambio.

—**General Díaz Estrada:** Está perfectamente claro, perfectamente claro (interferencia en el dial)... el director del Instituto Médico legal... los tres médicos jefes de servicio en el Hospital Militar. Y por lo demás, tenemos, como tú dices muy bien, en la mano los testigos, incluso el médico personal, que presenció esto y además dijo que este caballero había ingerido cantidades notables de alcohol en la mañana. En todo caso, yo estoy esperando que alguno de los comandantes en jefe aparezca por acá, para que uno de ellos, o los tres, dispongan la investigación porque, en todo caso, tenemos todos los testigos en la mano. No hay ningún problema al respecto. Cambio.

–**General Oscar Bonilla:** Entendido, entendido. Pero lo que convendría es ir adelantando. Es si procede una investigación de la justicia militar. Tener ya una opinión técnica para que puedan resolver, con los antecedentes del caso, los Comandantes en Jefe. Entonces, este... este adelantamiento del trabajo sería interesante... ya echarlo a andar. Es cuestión que los auditores se pongan a estudiar el caso.

–**General Díaz Estrada:** Eso es correcto, eso es correcto...(interferencia "adelante, cambio")... de forma, de manera de tenerlo listo cuando lleguen los Comandantes en Jefe con el almirante Carvajal para acá. Cambio.

–**General Oscar Bonilla:** Entendido, Nicanor, entendido. Muchas gracias. Terminado, fuera.

–**General Díaz Estrada:** Conforme, terminado, fuera.

***

A pesar del toque de queda –que comenzó a las seis de la tarde– los habitantes de la población La Legua han decidido salir masivamente a la calle. ¿Protestar, resistir? No hay respuesta clara, sólo saben que hay que manifestar de alguna manera su rechazo al golpe militar. Con lo que se tenga a mano. Hay algunas armas. Y hay muchas piedras. La batalla desigual se despliega por calles y callejones.

***

—**Puesto Cinco:** ... siguiente información. Ha...hace aproximadamente una hora partió piquete blindado hacia el lugar. Mayores informaciones se le darán una vez que se tengan. Lo único que sería como información es que hace una hora salió un piquete blindado hacia allá. El resto de las informaciones se la daría una vez que las obtenga. Cambio.

—**Voz:** Conforme, Cinco, sería tan amable de señalar de dónde salió el piquete blindado. Cambio.

—**Puesto Cinco:** No, frente a eso, no le podría decir, no le podría decir. Tendría que averiguarlo nuevamente. Cambio.

—**Voz:** Conforme, conforme. Esperamos el resto de su informaciones y muchas gracias.

—**Puesto Cinco:** Muy bien, terminado.

—**Puesto Dos (Academia de Guerra Fach):** Tres de Dos.

—**Puesto Tres (Escuela Militar-enlace):** Adelante Dos.

—**Puesto Dos:** Conforme Tres. Favor informar COFA, favor informar COFA, qué medidas se están tomando respecto a situación que está sucediendo Paradero Seis Santa Rosa, Paradero Seis Santa Rosa. Fuerzas terrestres de la Fach y personal de Carabineros están siendo copados por gran número de personas armadas. Cambio.

—**Puesto Tres**: Ya, perfecto. Qué medidas se han tomado sobre situación Paradero Seis Santa Rosa, ya que fuerzas terrestres aéreas y carabineros están siendo copados por civiles. Déme roger...

—**Puesto Dos**: Eso es correcto. Comuníqueme su respuesta. Cambio.

—**Puesto Tres**: Perfecto.

(Voces en puesto de enlace: "¿De qué se trata?". "Hay un problema, huevón").

—**Puesto Cinco**: Atención Puesto Dos, de Cinco. Cambio.

—**Puesto Dos**: Adelante Cinco, aquí Dos. Adelante Cinco, aquí Dos.

—**Puesto Cinco**: Dos, relacionado con la información que usted pidió. Sobre los datos... sobre el enfrentamiento en Paradero Seis de Santa Rosa, se informa a la COFA de que en este momento partieron tanques para allá y refuerzos de la Escuela de Infantería. Déme un comprendido, cambio.

–Puesto Dos: Recibido, perfectamente recibido en escucha. Terminado.

***

De La Legua salió un "batallón" de ciudadanos para reforzar la resistencia de los obreros en la planta de Madeco. Un mensajero llegó pidiendo refuerzos. En la marcha, se cruzaron con un batallón de la Fach que patrullaba la zona. Los disparos y las ráfagas de metralleta resonaron en la zona sur de Santiago. Los cadáveres fueron quedando abandonados en las calles.

¿Cuántos murieron ese día? No hay cifras exactas. La Comisión de Verdad y Reconciliación, dieciocho años más tarde, en 1991, estableció la muerte de quince uniformados el día del golpe militar. Todos pertenecientes al Ejército y Carabineros. Otros diez uniformados murieron en enfrentamientos en las semanas siguientes, completando un total de veinticinco bajas en el año 1973. ¿Y los civiles? No hay registro claro de los que murieron el mismo día del golpe. Los cuerpos se amontonaron en la morgue, muchos fueron enterrados como N.N. en el cementerio y otros flotaron río abajo. Lo que sí pudo establecer la Comisión en su informe, llamado "Informe Rettig", es que un total de 1.823 civiles fueron asesinados el año 1973 tras el golpe de Estado.

Agrega el informe oficial que "la mayor parte de las víctimas corresponde a menores de treinta años y en no pocos casos a menores de veinte, habiéndose conocido de algunas situaciones extremas que afectaron a muchachos de catorce o quince años, que murieron por actos violatorios de sus derechos esenciales". Y anota que el mismo 11 de septiembre comenzó con "la detención y posterior desaparición o muerte de algunas de las personas que se encontraban en el Palacio de La Moneda, o en algunos recintos universitarios o industriales, como ocurrió por ejemplo en la Universidad Técnica del Estado (hoy USACH) o en fábricas de los denominados cordones industriales, las que fueron allanadas por efectivos militares, procediéndose a la detención de las personas que se encontraban en ellos".

Los cadáveres de las víctimas comenzaron, desde ese mismo día, a aparecer abandonados en las calles, en el río Mapocho o en carreteras cercanas a Santiago. Por las noches, personal del Instituto Médico Legal o del Cementerio General recogían cuerpos. En algunos casos, patrullas militares llevaban directamente los cadáveres a la morgue. Centenares de víctimas no pudieron ser identificadas por sus familiares y fueron enterradas como N.N. en el Patio 29 del Cementerio General. Años después, en dos ocasiones —como constató la Comisión Rettig— se desenterraron cuerpos en forma masiva desde ese Patio. La primera vez, se trasladaron los restos a la fosa común del cementerio. La segunda, pese a existir una prohibición judicial dictada en 1978, se sacaron muchos cuerpos y se los llevó al crematorio para hacer desaparecer todo rastro.

La mayor parte de las 1.823 víctimas del año 1973 corresponden a fusilamientos masivos realizados en regimientos o en lugares como el Puente Bulnes, la Cuesta Barriga, el túnel Lo Prado. A los detenidos en La Moneda, por ejemplo, los sacaron del Regimiento Tacna para ser fusilados en el campo militar de Peldehue. Sólo lograron sobrevivir los detectives. En el Ministerio de Defensa se practicaron torturas a los detenidos el mismo día 11 de septiembre. A la Escuela Militar llegaron los detenidos de "alto rango" (ministros, subsecretarios, dirigentes de partidos) y de ahí fueron trasladados a un campo de concentración en la isla Dawson, en el extremo austral de Chile.

"Me dirijo al hombre de Chile, al obrero, al campesino, al intelectual, a aquellos que serán perseguidos..." En las palabras de despedida del Presidente Allende hay una clara premonición. La persecución a los disidentes cobró 3.197 muertos durante la dictadura militar que gobernó entre los años 73-90. La mayor parte fueron obreros y campesinos (34.7 por ciento).

Los restos del Presidente Allende compartieron, de algún modo, el mismo destino que gran parte de las víctimas. Tuvo una tumba semiclandestina por casi dos décadas, después que el 12 de septiembre salió en el ataúd desde el Hospital Militar.

—Me ordenaron que me presentara al Hospital Militar para retirar el cuerpo del Presidente y llevarlo al aeropuerto de Los Cerrillos. Todos entendían que yo debía hacerlo. Y yo entendí lo mismo, era su edecán —asegura el comandante Roberto Sánchez.

Toque de queda en todo Chile. Sólo patrullas militares se divisan en las calles y helicópteros rastrean desde lo alto. Flamean las banderas en casas y departamentos de los que saludan con alegría el golpe militar. Algunos las ponen por temor. Donde no hay bandera, la sospecha marca con tinta invisible a los moradores. La delación de los vecinos sería, para muchos, el primer peldaño para terminar en los campos de concentración del Estadio Nacional o el Estadio Chile.

Cuando el edecán aéreo llega a retirar el cuerpo del Presidente, en la guardia del Hospital Militar le informan que salió hace pocos minutos, custodiado por tanquetas de Carabineros: "Ordené al chofer que avanzara lo más rápido posible. Íbamos de uniforme, en un vehículo de la Fuerza Aérea, pero no podíamos correr mucho aunque las calles estuvieran vacías. Había muchos controles militares. En la Plaza Italia, los soldados me informaron de tanquetas que habían pasado poco antes. Unas habían seguido Alameda abajo. Otras habían doblado por Vicuña Mackenna hacia el sur. Opté por intentar alcanzar al segundo grupo. No pude".

En la pista de Los Cerrillos, el DC-3 está con los motores en marcha. No, el ataúd del Presidente aún no ha llegado, le informan al edecán. Pocos minutos después, aparece el sombrío cortejo. Hace frío. O quizás no tanto, pero el edecán recuerda que sintió frío. No recuerda, en cambio, en qué vehículo venía el féretro. Sólo sabe que miró el ataúd y ordenó a los soldados que ayudaran a bajarlo para luego subirlo hasta el avión. Las tanquetas de Carabineros custodiaban la operación.

Los minutos pasaban, algunos oficiales decían que se debía despegar de inmediato y el comandante Sánchez tenía la vista fija en el acceso a la pista. Ya estaban allí, en silencio, grupo aparte, cabizbajos, los sobrinos Eduardo y Patricio Grove, junto con un sobrino nieto de apenas diecisiete años, Jaime Grove. Rodeaban a Laurita Allende, la adorada hermana del Presidente. ¿Por qué no llegaba la Primera Dama?

—Temí cualquier cosa. Hice todo lo posible para calmar el apremio del piloto, tratando de ganar tiempo para que la señora Tencha pudiera llegar. Fue un inmenso alivio verla aparecer. Lamentablemente, las hijas no pudieron llegar —relata el comandante Sánchez.

—A mis hijas no les dieron salvoconducto y, por lo tanto, no podían salir a la calle para tratar de llegar al aeropuerto. Ese mismo día, en la tarde, Beatriz partió a Cuba. Fue el día más triste de mi vida —recuerda Hortensia Bussi de Allende.

Pegados al fuselaje gris, amarrados por cinturones a los estrechos asientos de recto respaldo, los dolientes se guardan el dolor muy adentro. El fuselaje del avión suena, durante el despegue, como si fuera a partirse en dos. Y ya en el aire, los crujidos del metal semejan lamentos. Los lamentos que la familia no emite en presencia de los uniformados. Frente a todos, en el piso, el ataúd. Y sobre el ataúd, el multicolor chamanto que envolvió su cuerpo sangrante en La Moneda. ¿Cómo es que ese chal llegó hasta ahí? Hay objetos que se transforman en intocables, como si los alcanzara lo más recóndito del temor a la muerte y al misterio del más allá. Como si algo del Presidente se hubiera quedado atrapado entre las hebras. Y el chal sigue allí, junto al cuerpo mutilado, para acompañarlo en la tumba.

—Quiero estar segura de que vamos a enterrar a Salvador. Quiero verlo —dijo la viuda cuando el féretro salió del avión en la pista de la base aérea de Quintero.

—Imposible, está terminantemente prohibido abrir el ataúd —le contestó un oficial.

—Señora Tencha, confíe en mí. Yo lo vi y es el Presidente —terció el edecán aéreo, mintiendo.

"No podía permitir que ella lo viera. Me habían dicho que la cabeza estaba destrozada, que la mitad superior de la cabeza había volado con los disparos. No podía verlo", explica el comandante Sánchez.

Un carro funerario de la Armada y dos automóviles esperan en la pista. En un auto, la viuda, el edecán aéreo y Eduardo Grove. En el otro, Laura Allende, Patricio y Jaime Grove. Recorrido rápido hasta el cementerio Santa Inés, en Viña del Mar. Es la orden que recibieron los choferes del mínimo cortejo.

—Las calles estaban vacías. Ni un alma a la vista. Recuerdo haber visto que algunas ventanas se abrían, haber divisado algún rostro tras los vidrios. Nada más —dice la viuda.

Los enterradores esperan en la puerta y cargan la urna sobre el carro metálico de transporte. Olor a sal y yodo del frío mar de Chile trae la brisa que se levanta desde el poniente. Un olor que el Presidente parecía saborear, en grandes bocanadas, cada vez que llegaba al Palacio Presidencial de Cerro Castillo. Como si reconociera en ese olor salino el aire de su primera inspiración en el puerto de Valparaíso.

Ahora, muy cerca de su ciudad natal, el cortejo se detiene frente al sobrio mausoleo de la familia Grove. Es una tumba subterránea cubierta por una lápida de mármol blanco. Ya está abierta. No hay más que silencio como himno de despedida. El silencio lo dice todo. Cada uno escucha lo que debe escuchar. El ataúd baja hasta uno de los nichos y, al ser encajado por los enterradores, se desliza con dificultad. Es un sonido hueco, son de muerte.

Un puñado de tierra toma la viuda y lo lanza a la tumba. La hermana, los sobrinos y el edecán aéreo hacen lo mismo. Los uniformados a cargo de la custodia observan en silencio. Hortensia Bussi camina unos pasos y coge unas pocas flores de la planta más cercana.

—Que todos sepan que aquí yace el Presidente constitucional de Chile —dice al tiempo que las lanza a la tumba.

Sí, que todos sepan...

***

Notas:

[1]   *Allende y la experiencia chilena,* Joan E. Garcés, Ediciones Bat.

[2]   "Recuerdos del 11 de septiembre de 1973", Isabel Allende Bussi (*El País,* septiembre 1993).

[3]   "Así murió Allende", González-Verdugo-Monckeberg (*Análisis,* junio 1987).

[4] El *Chicho Allende,* Carlos Jorquera, Ediciones Bat.

[5] "Así murió Allende", obra citada.

[6] *Reencuentro con mi vida,* Clodomiro Almeyda, Las Ediciones del Ornitorrinco.

[7] "Así murió Allende", obra citada

[8] Revista *Apsi,* setiembre 1990.

[9] "Así murió Allende", obra citada.

Este libro se terminó de
imprimir en el mes de septiembre
en Andros Impresores